鈞窯瓷

中国名窯名瓷シリーズ ❸

鑑賞と鑑定

Foreword

Chinese ceramics have a long and venerable history, and have been treasured by many people over the ages. Around the world, a large number of researchers have dedicated themselves to collecting and researching these ceramics. Particularly over the past several decades, as the Chinese government has become more cooperative regarding research of historical records and preservation of ancient ceramics, related organizations have conducted successive excavations of ancient kiln sites, and significant results have been attained. Materials uncovered by new excavations have filled in the blanks in our knowledge of ceramic history; this new information from the original sources has made it easier to solve a number of riddles that have traditionally arisen in the research and appreciation of historical ceramics.

To answer these modern needs, Jiangxi Art Publishing House has published the "Encyclopedia of Appreciation and Appraisement of Ceramic Masterpieces from the Great Kilns" (*Meiyo Meiji Kansho Kantei Sosho*). The editorial policy of this encyclopedia is to categorize ancient ceramics according to the various great kilns and their derivatives, and ask experts in each field to contribute essays on the appreciation of these works. This is an important attempt to categorically introduce the great kilns and great ceramics since the Song and Tang Dynasties. The essays contributed are based on accurate information, which is thoroughly analyzed and carefully considered. Compared to the numerous existing manuals on appreciation of ancient ceramics, this edition is unrivalled in terms of its approach to the issues and its comprehensive content. Readers interested in the appreciation of ancient ceramics can learn about a specific kiln and its derivatives, gradually broadening the scope of their investigation. This is one ideal way to comprehend the great depth of the field of ancient ceramic appreciation.

Since this text was published in China, it has won the acclaim of many readers, and researchers of old Chinese ceramics regard it as an extremely important scientific manual. Now the Japanese edition has been published by Nigensha, Publishing Co Ltd,.

In Japan which has deep ties to the world of Chinese culture. Publishing the results of the latest research into Chinese ceramic history will give Japanese researchers and aficionados access to a variety of reference material, which will undoubtedly lead to a lively discussion of relevant issues. The publication of the Japanese edition of this text represents a new page in the history of Japan-China relations in the 21st century, a development that gives us great pleasure. It is our hope that the friendship between our countries will continue to deepen in future generations.

October 2003

Geng Baochang

Research Fellow of Palace Museum, Beijing

序

　中国陶瓷には悠久の歴史がある。古陶瓷は人々を魅了し、広く親しまれてきた。中国のみならずひろく世界に、生涯を陶瓷器の収集に注ぎ、さらに広く捜し求めて研究に没頭した研究者は少なくない。ここ数十年、文物の研究と保護等についての中国政府の理解が深まるにつれ、関連各部門による古窯址の発掘調査が相次いで行われ、相当の成果を上げている。新たに出土した資料によって、従来の欠落が補われ、古陶瓷の研究や鑑賞につきまとってきたさまざまな疑問が、こうした第一次資料の増加によって容易に解決されるようになってきた。

　江西美術出版社は社会のニーズに応え、『名窯名瓷鑑賞鑑定叢書』の刊行を企画した。編集の方針として古陶瓷を各々の名窯とその窯系に分類し、各方面の専家に古陶瓷鑑賞についての著述を依頼した。これは唐宋以来の名窯名瓷を系統的に紹介する貴重な試みといえるだろう。寄せられた原稿はいずれも的確な資料に基づくもので、論述は周到を極め、精緻に考察されていて、現今巷にあふれている鑑賞の手引きなどに比べると、問題の捉え方、内容の充実度ともに比類のないものといえる。古陶瓷の鑑賞に興味のある人が、一つの窯とその窯系を学び、それを手がかりとして次第にその対象を広げ理解を深めていくということも、古陶瓷鑑賞の奥義に至るひとつの道筋といえる。

　この叢書は中国で出版されて以来、多くの読者に愛され、中国の古陶瓷を研究するための科学的な専門書として非常に貴重なものとなっている。このたび中国の文化界と関係の深い日本の二玄社から日語版が出版されることになった。中国の陶瓷研究の新しい成果が伝えられることによって、日本の中国陶瓷研究者・愛好者にさまざまな参考資料が提供され、活発な議論が行われることになるだろう。この日語版の刊行は21世紀の日中文化交流の歴史に新たなページを開くものであり、まことに喜ばしいかぎりである。ここに日中の友好関係がさらに発展し、末永く続くことを希望する。

　　　　　　　　　　　　　　2003年10月　北京にて　耿　宝昌

1 禹州古钧台

2 黒釉　彩斑水注
　唐時代　高：22.4cm
　上海博物館

3 黒釉　白斑双耳瓢形瓶
　唐時代
　高：21.0cm
　汝州市汝瓷博物館

4 鈞瓷破片
　河南省文物考古研究所

5　粉青釉　粉紅斑碗
　宋時代　高：8.7cm　口径：15.0～15.2cm
　台北故宮博物院

6　月白釉　紫斑葵形碗
　宋時代　高：5.0cm　口径：6.5cm
　北京故宮博物院

7 月白釉　碗
  宋時代
  高：9.0cm　口径：22.0cm
  山西省考古研究所侯馬工作站

8 月白釉　鉢
  宋時代
  高：6.4cm　口径：27.2cm
  1978年河南省長葛石固宋代窖蔵出土
  河南省文物研究所

9 澱青釉　碗
  宋時代
  高：7.5cm　口径：17.8cm
  北京故宮博物院

10 澱青釉　小碗
　　宋時代
　　高：3.7cm　口径：5.5cm
　　北京故宮博物院

11 澱青釉　深鉢
　　宋時代
　　高：15.0cm　口径：17.8cm
　　北京故宮博物院

12 天藍釉　紫斑輪花碗
宋時代
口径：23.9cm

13 天藍釉　盤
宋時代
高：3.5cm　口径：27.2cm
河南省文物考古研究所

14 澱青釉　紅斑盤
　　宋時代
　　高：3.2cm
　　口径：18.1cm
　　北京故宮博物院

15 澱青釉　紅斑盤
　　宋時代
　　高：3.0cm
　　口径：18.0cm
　　北京故宮博物院

16 澱青釉　紅斑盤
　　宋時代　　高：3.0cm　　口径：18.0cm
　　北京故宮博物院

17 玫瑰紫釉　盤
　　宋時代
　　高：4.0cm
　　口径：17.5cm
　　北京故宮博物院

18 月白釉　稜花盤
　　宋時代
　　高：2.5cm　口径：19.0cm
　　北京故宮博物院

19 月白釉　盤
　　宋時代
　　高：4.0cm　口径：21.0cm　北京故宮博物院

20 澱青釉　盤
　　宋時代
　　高：3.0cm　口径：17.4cm　北京故宮博物院

21 玫瑰紫釉　鼓釘三足洗
宋時代　高：9.0cm　口径：23.0cm
上海博物館

22 玫瑰紫釉　鼓釘三足洗
宋時代
高：9.1cm　口径：24.3cm
北京故宮博物院

23 月白釉　鼓釘三足洗
宋時代
高：9.0cm　口径：25.5cm
台北故宮博物院

24 玫瑰紫釉　鼓釘三足洗
宋時代　高：9.4cm　口径：23.5cm
北京故宮博物院

25 玫瑰紫釉　海棠形盆托
宋時代
高：4.7cm　口径：17.5cm
上海博物館

26 天青釉　六角水仙盆
宋時代
高：6.0cm　口径：13.7×20.6cm
台北故宮博物院

27 玫瑰紫釉　葵花形盆托
　　宋時代　高：7.7cm　口径：23.5cm
　　北京故宮博物院

28 玫瑰紫釉　葵花形盆托
　　宋時代　高：7.5cm　口径：22.7cm　台北故宮博物院

29 玫瑰紫釉　葵花形花盆
　宋時代
　高：15.8cm　口径：22.7cm
　北京故宮博物院

30 天藍釉　葵花形花盆
　宋時代
　高：10.5cm　口径：17.0cm

31 海棠紅釉　蓮花形花盆
宋時代
高：18.0cm　口径：27.0cm
北京故宮博物院

32 玫瑰紫釉　海棠形花盆
宋時代
高：12.0cm　口径：12.8cm
北京故宮博物院

33 葡萄紫釉 長方形花盆 宋時代
高:14.7cm 径:22.6cm 北京故宮博物院

34 海棠紅釉 六角形花盆
宋時代
高:14.3cm 径:24.5×14.3cm
1974年禹州鈞台窯跡出土
河南省文物研究所

35 澱青釉　長頸花盆
宋時代
高：22.5cm　口径：23.5cm
中国歴史博物館

36 海棠紅釉　長頸花盆
宋時代　高：18.5cm　口径：20.1cm
北京故宮博物院

37 玫瑰紫釉
　仰鐘形花盆
宋時代
高：17.0cm
口径：23.0cm
北京故宮博物院

38 玫瑰紫釉
　仰鐘形花盆
宋時代
高：22.3cm
口径：28.7cm
台北故宮博物院

39 月白釉　胆瓶
　　宋時代　高：28.0cm
　　北京故宮博物院

40 天藍釉　紫斑如意形枕
　　宋時代
　　高：13.4cm　面径：19.9×31.0cm
　　台北故宮博物院

41 月白釉　出戟尊
宋時代
高：24.5cm　口径25.1cm
台北故宮博物院

42 月白釉　出戟尊
宋時代
高：32.6cm　口径：26.0cm
北京故宮博物院

43 天藍釉　碟
宋時代
高：3.5cm　口径：13.6cm
台北故宮博物院

44 天藍釉　環耳洗
宋時代
高：7.0cm
口径：17.0cm
1966年開封市収集
河南博物院

45 澱青釉　八角龍首杯
宋時代
高：3.5cm
口径：10.0cm
上海博物館

46 澱青釉　盞托
宋時代
高：6.0cm
口径：6.0cm
北京故宮博物院

47 天藍釉　蓋付鉢
宋時代
高：26.6cm
口径：17.5cm
中国歴史博物館

48 月白釉
　双耳三足香炉
宋時代
高：13.0cm
口径：13.0cm
上海博物館

49 天藍釉　三足香炉
　　宋時代　高：13.0cm　口径：14.0cm
　　1962年禹州黄荘出土
　　河南博物院

50 澱青釉　三足香炉
　　宋時代
　　高：4.5cm　口径：6.3cm
　　北京故宮博物院

51 天青釉　紅斑瓶
金時代　高：29.1cm
デヴィッド・コレクション

52 天藍釉　紫斑双耳壺
　金時代　高：10.8cm

53 天藍釉　紫斑印花文盤
　金時代　高：2.9cm　口径：19.0cm
　1992年禹州市西関窯出土
　河南博物院

54 天藍釉　双耳三足香炉(己酉年銘)
元時代　高:42.7cm
1970年内蒙古自治区呼和浩特市出土
内蒙古自治区博物館

55 澱青釉　紫斑
双耳三足香炉
元時代
高：34.5cm
口径22.5cm
上海博物館

56 澱青釉
双耳三足香炉
元時代
高：23.6cm
口径：10.7cm
北京故宮博物院

57 月白釉
　双耳三足香炉
　元時代
　高：18.8cm
　口径：14.8cm
　山西省博物館

58 天藍釉
　紫紅斑三足香炉
　元時代
　高：10.0cm　口径：8.2cm
　1974年新安窯跡出土
　河南省文物考古研究所

59 澱青釉　双耳瓶
　元時代　高：58.3cm
　1970年内蒙古自治区
　呼和浩特市出土
　中国歴史博物館

60 澱青釉　紫斑双耳瓶
　　元時代　高：63.2cm
　　北京故宮博物院

61 澱青釉　紫斑双耳瓶
　　元時代　高：63.8cm
　　1972年北京市北城出土
　　北京市文物管理所

62 天藍釉　紫斑碗
　　元時代
　　高：8.3cm
　　口径：14.6cm
　　1982年洛陽出土
　　洛陽市文物工作隊

63 青釉　稜花碗
　　元時代
　　高：7.0cm
　　口径：12.0cm
　　台北故宮博物院

64 天藍釉　紫斑鉢
　　元時代
　　高：13.0cm
　　口径：17.2cm
　　北京故宮博物院

65 月白釉　紫斑深鉢
  元時代
  高：15.8cm
  口径：16.5cm
  北京故宮博物院

66 月白釉　紫斑輪花盤
  元時代
  高：2.5cm　口径：13.0cm
  山西省大同市博物館

67 澱青釉　紫斑碟
  元時代
  口径：12.2cm
  山西省大同市博物館

68 天藍釉　紫紅斑鉢
元時代　高：6.8cm　口径：10.0cm
1963年鶴壁集窯跡出土
河南省文物考古研究所

69 天藍釉　紅斑碗
元時代　高：4.5cm　口径：12.0cm
1988年宝豊清涼寺窯跡出土
河南省文物考古研究所

71 澱青釉　紫斑双耳壺
　　元時代　高：10.0cm　口径13.8cm
　　北京故宮博物院

73 月白釉　紫斑壺
　　元時代　高：16.5cm　口径：11.7cm
　　河南博物院

72 澱青釉　紫斑蓋付壺
　　元時代　高：11.0cm　口径：5.3cm
　　中国歴史博物館

←＜左ページ＞
70 天青釉　蓋付壺
　　元時代　高：18.2cm　口径：9.6cm
　　中国歴史博物館

74 紅斑釉　蓮花形花盆・盆托
　　現代　通高：15.0cm　口径：22.0cm

鈞窯瓷

中国名窯名瓷シリーズ ❸

鑑賞と鑑定

目次

第1章　鈞瓷とは　6

第2章　鈞瓷の歴史　8
　創業と発展　8
　鈞瓷の故郷──陶瓷工芸の粋を集めた禹州　16
　鈞窯系の窯場　29
　鈞瓷の編年　35
　　第1期　創業期
　　第2期　発展期
　　第3期　隆盛期
　　第4期　衰退期
　　第5期　復興期

第3章　鈞瓷の黄金時代　41
　鈞台窯の沿革とその規模　41
　鈞瓷の窯の構造と特徴　44
　工房、窯道具、焼造技法　49
　鈞台窯の年代とその性格　52

第4章 鈞瓷の特徴とその鑑別 56
　　　独創性に富む窯変　56
　　　古格のある典雅な造形　61
　　　金元時代の鈞瓷──宋代との比較　72
　　　明清時代に広がった鈞瓷の倣製　77
　　　擬古作の鈞瓷　84
　　　　鈞瓷の真贋の鑑別
　　　　鈞瓷鑑別の着眼点

第5章 鈞瓷の鑑賞　92
　　　鈞瓷の芸術的価値　92
　　　賞玩と収蔵　94

第6章 図版解説　101

第7章 文献にあらわれた鈞瓷　126

〔主編〕
耿宝昌　北京故宮博物院研究員・国家文物鑑定常務委員

〔編集委員〕
耿宝昌　北京故宮博物院研究員・国家文物鑑定常務委員
王莉英　北京故宮博物院研究員
李輝柄　北京故宮博物院研究員
汪慶正　上海博物館副館長・国家文物鑑定委員
張浦生　南京博物院研究員・国家文物鑑定委員
朱伯謙　浙江省文物考古研究所研究員
任世龍　浙江省文物考古研究所研究員
趙青雲　河南省文物考古研究所研究員
余家棟　江西省文物考古研究所研究員
葉文程　厦門大学教授
陳　政　江西美術出版社副社長
劉　楊　江西美術出版社編集委員

──────── 凡 例 ────────

一．本書は『鈞窯瓷　鑑定與鑑賞』（中国名窯名瓷名家鑑賞叢書）、江西美術出版社刊（2001年）の日本語版である。
一．日本では従来、硬質のやきものの呼称として「磁」字が広く用いられているが、中国の「瓷」字とは必ずしも同義で使われないこともあり、本シリーズでは原著に従って「瓷」字を使用することにした。
一．本シリーズの本文の構成は原則として原著に従ったが、一部の巻では配列を変更した。
一．カラー図版は原著者の同意のもとに、一部変更し、時代・形式を考慮して配列し直した。また、原著には作品の寸法・所蔵先が明記されていない巻があるが、本書では可能な限り明記した。
一．本文中の挿図は原著に収載されているもの以外に、読者の理解を考慮し、関連図版を適宜補った。また、引用や関連のあるカラー図版も当該頁に挿図として再録した。
一．陶瓷用語・鑑賞用語・作品名称等は日本で通行する用語に訳したものもあるが、適当な訳語がない場合には原語のままとし、必要に応じて〔　〕内で注記した。
一．遺跡地名等一部の行政区画表記は発掘当時のものに従った。
一．原著の注記（　）はそのままとし、訳者の注記は〔　〕内に示した。引用文については原則として現代語訳によって示したが、詩文等、読み下しにしたものもある。

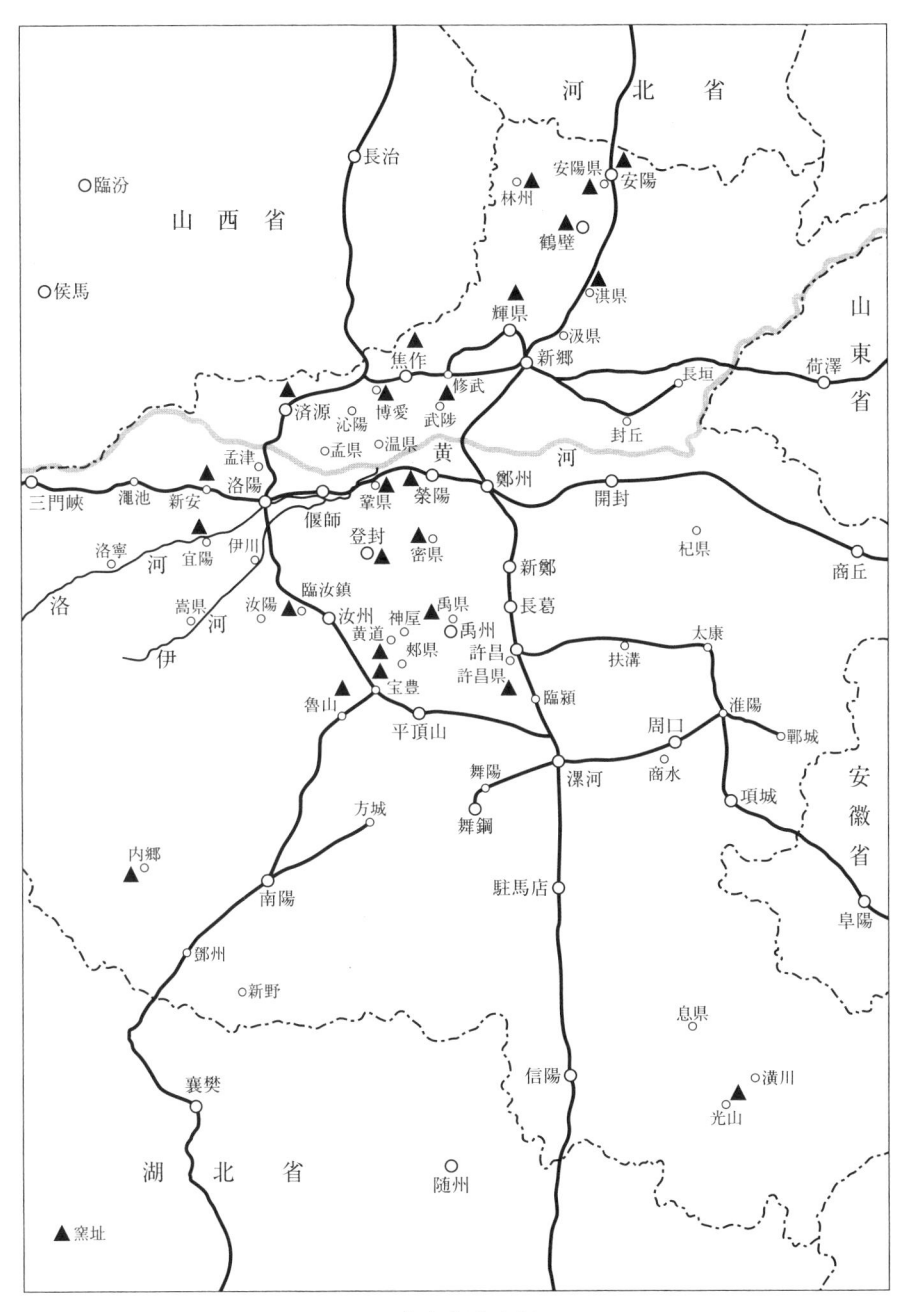

河南省窯址分布図

第1章　鈞瓷とは

　宋時代（960〜1279）、中国の陶瓷器生産は空前の繁栄の時期を迎える。窯場は各地に林立し、人々を魅了した器皿は窯場の名を冠して呼ばれ、多くの名窯を輩出した。とりわけ汝、官、哥〔哥窯の年代に関しては多くの議論がある〕、定、鈞各窯の製品に対する声価は高く、後世‘五大名窯’と称されるまでになっていく。それぞれ個性溢れた窯場は、互いの姿を映し照すかのように、宋代の陶瓷生産をより高い次元へと導いていったといえる。その中で釉色の面で独創を示し、闊達な作陶を展開したものこそ鈞窯瓷器、すなわち鈞瓷であった。

　鈞瓷の基本的な釉調は青味を帯びた失透性のもので、白濁した失透性の釉自体の使用は唐代に始まる。釉色は濃淡の差があり、濃く発色した釉を天藍、色が淡くなるにしたがって天青、月白と称し、独特の釉調から広く澱青釉とも呼ばれる。美しく焼成された釉肌はしっとりとした艶を見せ、藍瑪瑙か藍宝石を思わせる。北宋の中晩期に至り、陶工たちはいわゆる‘唐鈞’〔唐代の彩斑瓷の俗称〕の白斑施文に着想を得て酸化銅を呈色剤として用いる新機軸を打ち出す。青釉に撒き敷かれた彩斑は、藍、赤、紫と変化極まりない窯変釉となって器面を覆う。この絢爛華麗な釉彩こそは鈞窯の独壇場であった。

黒釉彩斑水注

　釉色はさまざまな美称で形容され、各種の鈞瓷を表現する鑑賞上の用語となっている。特に名の知られるものを挙げれば、玫瑰紫〔紫紅色〕、海棠紅、茄皮紫〔ナス紫〕、鶏血紅、葡萄紫、朱砂紅、梅子青〔碧玉にも似た深い青色を梅の実に喩えたもの〕、臙脂紅、鸚哥緑、火焰紅など

10余種を数え、さらに先の天青、月白、天藍、米黄〔黄味を帯びた白〕などの諸色が地釉としてあるいは雲霞のように変幻自在に入り交じり、千紫万紅の光彩を放つ。釉と彩斑が熔け合った鈞窯の窯変釉の発色は、赤い色を透かして紫味が現れ、紫色は青味を含み、青色は白味を帯び、白色は赤味を浮かべるという具合に単一の色合にとどまることはなく、混然とした釉色の美の世界を見せる。その人為を超えた画面は一幅の抽象画を見るかのように見る者の想像力をかきたてる。時には仙山瓊閣〔仙人の棲む玉製の楼閣〕、峡谷に飛沫する滝、月夜の星辰を思わせ、虹色のきらめきや燃え立つような釉彩の奔流に、人はただ賛嘆の声を発するのみである。

　古人は詩句に託して横溢する感情を吐露している。「緑なること春水に初めて日の昇るが如く　紅なること朝霞の時を上せんと欲するに似たり」、「高山の雲霧に霞一朶かかり　煙光の空中に星は天に満つ　峡谷の飛瀑は兎糸の縷たり　夕陽が紫翠は忽ち嵐と成らん」、また「窯に入るるは一色なれど、窯を出づれば万彩たり」「鈞瓷に対無し、窯変双ぶ無し」「千鈞万変、意境無窮」等々、いずれも鈞瓷窯変の微妙にして多彩な奇観を形容した言葉である。

　鈞瓷が中国の陶芸にもたらした技術的な貢献は、銅紅釉による発色を経験的に導き出したことにある。それこそが鈞窯を際立たせる独創性であり、絢爛華麗な釉色の基礎となるものであった。高温釉の代表であった青瓷、黒瓷、白瓷という従来の単色（モノクローム）の世界から多彩色（ポリクローム）へと大きく歩を進めたことは、陶瓷装飾をより豊かなものへと導いただけでなく、新技術の開発に向けての飽くなき精神のみが果たしうる可能性を身をもって示すこととなった。こうした製陶技術上のめざましい革新が名もなき陶工の英知によるものであることはいうまでもないが、それは同時に中国陶瓷史上からみても極めて重要な意義をもっているのである。

第2章 鈞瓷の歴史

創業と発展

　鈞瓷の特徴は窯変による変幻多彩な釉色の美しさにあり、とりわけ銅紅釉の応用は陶瓷器に対する通念を一変させ、当代のみならず後世の陶芸にも深い影響を与えることとなった。鈞瓷の独創性は中国陶瓷史の上で異彩を放つもので、その重要性は誰一人として疑うものはないだろう。一方、新しいものといっても無から生じるわけはない。いつ鈞窯瓷器の焼造が始められたのかという疑問が当然生じてくる。文献や資料の制約などから、この問題は中国陶瓷史の研究においても長い間懸案とされてきたことのひとつで、諸説が提出されるまま意見の一致をみるには至っていない。それらの説はおおよそ金、元、北宋の3種の主張に集約される。

　1）金代（1115〜1234）説は、鈞窯瓷器を「北方にあって金人の統治の時代から元代におよぶ百余年間の産物」とし、その根拠を窯の名称と地名との関連に求めた。すなわち「鈞州の名称は金の統治期間に始まる」、より正確には「鈞窯は金、大定24年（1184）に鈞州〔行政区画名〕が置かれた後に起こった」とする考え方である。

　2）元代（1206〜1367）説は墓葬や遺跡の発掘の結果に拠っている。中国で大量に発見されている宋代の墓葬や遺跡から鈞瓷の出土が見られず、むしろ多くの報告が元代のものであることから、欧米の研究者の一部には、「宋代に鈞瓷無し」、つまり鈞窯の焼造は元代であるとの説が提唱されるようになった。現在広く行われているのが、

3）北宋（960〜1126）説であり、多くの研究者の認めるところともなっている。根拠とするところは伝世品の考証にあり、例えば「奉華」の刻銘をもつ鈞瓷の作例が挙げられる。その書体は、貢納品とされる汝窯瓷の底部の刻銘と全く同一であり、そのうえ「奉華」の名は高宗の妃〔皇后に次ぐ嬪御〕の一人が住まった宮殿の名称で、金代にはその宮殿名は見られない。こうしたことから鈞窯瓷器は北宋に始まると推定されるわけである。

　河南省の文物考古調査員らは、1974年から75年にかけて禹州市（もと禹県）県城の北門内にある古鈞台窯跡のボーリング調査や発掘を大々的に実施した。その結果窯跡の面積が30余万平方メートルにおよび、遺物堆積層の厚さはおおむね1メートル前後で、最も厚い所では2メートル以上に達することが明らかにされた。なかでも鋳銭用の陶范〔陶製の鋳型〕の発見は重要な意味をもっていた。それは鈞瓷と同じ素地土で製作された「宣和元宝」の陶范で、'宣和'は北宋徽宗代の年号（1119〜25）である。この陶范の出土によって伝世の鈞瓷の編年作業に一つの基準点が与えられた。鈞台窯跡から出土した資料は北京と台北の故宮博物院に収蔵される貢納された鈞瓷の伝世作品と全く違いがなかったのである。

　以上のことから、北宋の末年、鈞台窯は朝廷の専管による官窯で、もっぱら皇家の御用に供する器皿を焼造する拠点となっていたと言うことができる。この発掘調査は、鈞台窯の官窯的性格、焼造年代さらに鈞窯の盛期が徽宗代にあることなど多くの成果をもたらしたのである。しかし、ここ数年来の考古調査発掘の最新の資料によれば、すでに北宋の初年から鈞瓷の焼造は進められていたことが確認されている。北宋末年になって精美この上ない域にまで発展すると、朝廷がもっぱら支配するところとなり民間での焼造は禁止される。一方、鈞瓷の高い芸術性が北宋一代でにわかに完成されたものでないこ

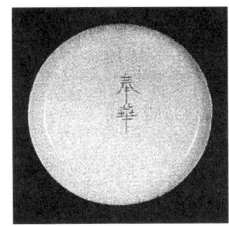

汝官窯瓷「奉華」銘底部

宣和元宝の陶范と拓影

第2章◆鈞瓷の歴史　　9

鈞台窯出土品

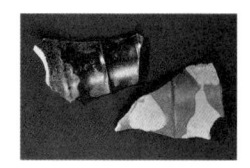

黒釉彩斑拍鼓片

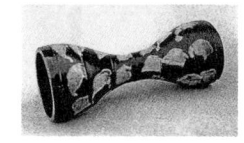

黒釉彩斑拍鼓

とも当然である。古くから声価の高い鈞瓷の窯変の技術も、他の美術工芸品と同じく発生、発展、完成という一定の発展段階を経ているのである。

　近年の考古発掘による資料や層位関係の検討などから、鈞窯瓷器が始まる年代について最終的な認識が得られるようになった。禹州市市街から西南約30キロにある神垕鎮(しんこうちん)は、北宋初年以来の鈞瓷の主要な産地であるが、その西方の下白峪(かはくよく)近くの趙家門から東に唐代の窯跡が発見されている。そこから拍鼓(はくこ)〔中央がくびれた長胴形の鼓、腰鼓〕、碗、水注など多くの窯変花釉(ちょうかもん)〔釉斑を文様とする技法〕の瓷片が採集されているが、その装飾法は、黒釉地に藍色釉斑あるいは乳白色釉斑を基本とするものの、実に変化に富んだものであった。乳白色の釉斑に細く筋状の藍斑が現れ、また黒色中に藍色が、藍色中に白色が浮かぶなど、藍と白が釉の流れのままに交錯する中に斑文が自在に現れ、変幻極まりない。

　花釉の彩斑に見られるこうした特徴は鈞瓷の紫紅各色からなる窯変に似通ったもので、そこに一定の技術的な継承関係の存在が推測される。その上、中国社会科学院上海硅酸塩研究所の化学分析によれば、「胎土の組成や構造は（宋）鈞瓷のそれに近く、ただ原料土は瓷器としては比較的軟質」とされている。唐代の花釉瓷器は禹州神垕鎮の近くで生産されたわけで、その装飾技術が北宋

時期の神垕鎮に起こる鈞瓷に大きな影響をおよぼしたことは充分に考えられる。古陶瓷の研究者は唐代花釉器を'唐鈞'と言い習わしてきたが、以上の化学分析や考古発見で示された事実から、'唐鈞'の呼称もあながち道理がないとはいえず、むしろそこから鈞瓷の起源は唐代にあるとの結論を導き出すことも不可能ではない。

　唐代の花釉瓷器がはじめて確認されたのは1960年代のこと、河南省郟県の黄道窯においてであり、その後魯山段店窯、内郷鄧州窯、禹州趙家門窯など多くの窯跡から相次いで発見されている。それらの資料の観察から、花釉瓷器は釉色と器形の組み合せによって２種に大別されることが明らかとなった。１は黒色あるいは黒褐色の地釉に月白色、灰白色などの斑文を飾る類で、器形は罐〔壺〕、水注、瓶、盤、腰鼓などが主である。２は黒色、月白色を地釉とし天藍色の細い筋からなる彩斑をもつもので、器形は水注、罐の２種のみである。後者の施文法は黄道窯と鄧州窯でしばしば見られるが、両窯跡とも腰鼓は発見されていない。腰鼓の資料が多いのは魯山段店窯と先述の趙家門窯である。

　唐の南卓は『羯鼓録』の中で鼓胴の素材について「青州の石末にあらざれば即ち魯山の花瓷」と記している。魯山段店窯の発掘調査時に採集された腰鼓の残片の特徴は、胎土、釉色、突線文、白斑の加飾などすべての点で伝世の腰鼓の瓷製鼓胴に一致するものであり、『羯鼓録』の記載が事実であることが再確認された。その後、禹州の下白峪趙家門窯や山西省交城の唐代の窯跡などからも相次いで花釉の腰鼓片が発見され、唐代花釉腰鼓の生産地に関しての情報もより充実したものとなってきている。

　郟県黄道窯や魯山段店窯で焼成された花釉の彩斑文罐は、唐代の花釉瓷器を代表する典型的な作風を示すものといえる。微塵の衒いもなく不思議な光彩を放つ藍や白の斑文、いっさいの無駄も感じさせない重厚な造形など、

そこにはすでに、豪放磊落の中にも抒情の発露を周到に用意するという北方陶瓷の性格がいかんなく発揮されている。とりわけ郟県黄道窯で焼成された花釉瓷罐は印象深い。器体はあくまで質樸重厚、黒釉や褐釉の地釉の上に藍色や月白色の大きな彩斑が撒き注がれたかのように浮かび上がっている。地釉と彩斑の対比は強烈であり、相い熔け合いまた相い照らし出しながら一種独特な空間を作り出している。唐代の末期に至ってその技術は発展し、窯変をコントロールしうる技術によって花釉の流動は千変万化の姿態を見せ、神秘極まりない世界は人々を魅了してやむことはなかった。唐代の花釉瓷器に結実した斬新な装飾技法は、一陣の春風のように当時の施文表現に新たな活力を注ぎ込み、宋代鈞瓷窯変釉の焼造に直接影響を与えるものとなったのである。それが鈞瓷の発展の技術的な基礎となったことは間違いなく、唐代晩期の花釉瓷を'唐鈞'と呼ぶ正当性もそこに求められる。と同時に、われわれが花釉瓷器を鈞窯瓷器の草創期の作品として考える理由もそこにあるのである。

　唐鈞の出現は花釉彩斑装飾の追究の結果であった。唐鈞の外観上の際立った特徴は、豊満で堂々とした造形や日常の実用品を主とする器種の構成にある。施文の方法は濃淡いずれかの地釉に強烈な対比をなす釉を数ヶ所斑状に注ぎ掛けるもので、それぞれの金属酸化物が固有の呈色を見せるという性質を応用し、経験的に両者を良好に発色させる技術を掌握した結果が、唐鈞ならではの器面表現となって産み出されることになる。唐鈞が陶瓷装飾の分野で収めた大きな成功は、唐代以前の陶瓷生産のあり方、'南青北白'〔南方の青瓷、北方の白瓷〕といわれる単調な状況を打ち破り、陶瓷製作の進路をより多彩な世界へと導く契機ともなったのである。鈞窯瓷器が北宋代に五代名窯の一つにまで発展し得たのも、唐鈞の先駆的な役割りなしには考えられないものと言えよう。

黄道窯黒釉葫蘆瓶

段店窯黒釉彩斑双耳壺

宋代鈞瓷の陶工は先人の達成した技術遺産を絶えず吸収消化し集約するとともに、唐鈞の彩斑施文技術を基礎に製作に打ち込みながら新機軸の創案を目指した。その結果、ついに青瓷の流れの中から突然出現したかのように見える全く新しい品種、後に世界中にその名を知られる'鈞瓷銅紅窯変釉'が創出されたのであった。銅紅釉の安定した発色は、窯変技術の複雑さとも相まって鈞窯の声価をいっそう高め、その地位は一躍諸窯の首座を占めるまでになった。評判は民間にも広がり、以後金（1115〜1234）、元（1271〜1368）と相次ぐ戦乱にもかかわらず、鈞窯の瓷器は多くの人々に好まれ、鈞窯系の窯場も各地に開かれることとなった。以上のように鈞窯瓷器は唐代に創始され、北宋、金、元と数百年の歴史をもつもので、その発展の経過はそれぞれの時代の特徴に即して次のように概観することができる。

　まず唐代晩期に成熟に向かった花釉瓷器が鈞窯の前期の作例とみられる。五代十国の時代は70年前後の短く政治変動の多い期間であったが、陶瓷史上ではさまざまな発展が見られ、とりわけ青釉瓷器〔青瓷〕の焼造に顕著な成果があった時期とされている。例えば後周の世宗柴栄が鄭州付近に設けたとされる宮廷の御窯、のちに'柴窯'と称される窯の言い伝えがある。後世の人は柴窯の釉色の美しさを「雨過天青」と形容して賛嘆し、その特徴を「青きこと天の如く、明らかなること鏡の如く、薄きこと紙の如く、聲は磬〔古代の楽器〕の如し」と言い表わしている。その釉肌はしっとりとした光沢を見せ、細かい貫入があるとされる。精細を尽くした技芸をもって諸窯に冠たる名品と崇められ、「片柴〔柴瓷の一片〕値千金」とまで言われるようになった。

　民国年間の人、荊子久は『鈞窯考証』の中で柴窯について次のように述べている。

「柴窯の起源は五代の末、〔後〕周世宗柴栄の御窯であ

る。柴栄は五代の令主であり、文事武功ともにすぐれ……軍政の余暇に兼ねて器物を製作することを好み、窯を設け瓷を製するに至る。もっとも精神を注いだ所なので、特に専官を設けて御窯の事務を理（おさ）めさせ、完善の準備にあたらせた。工を訓（おし）え原料を選び、多時を経過するうちに、すでにいかなる形いずれの色の瓷品も能わざる所はなしの段階にまで到達した」。「趙宋が周を滅ぼすに及び、柴窯の工匠は帰する所なく、遂に群をなして鈞州に趨（はし）り鈞窯を経営した」。

　惜しむらくは文献の記載が具体性を欠くこともあって、現在まで柴窯窯跡の発見はおろか、伝世品の中に柴窯と確認される作例すら見出せないのが現状で、柴窯の実体の理解を困難にしている。しかし次のように推測することはできる。柴窯の精良な技術、とりわけ戦乱後は陶工そのものが大量に禹州に移動し、また唐代以来、禹州神垕には花釉瓷焼造の伝統が根ざしていた。こうしたことは宋代鈞窯瓷器が発展する上で格好の環境であったに違いなく、硬（ハード）・軟（ソフト）両面の基礎的条件はすでに用意されたといえる。

　北宋の初年、分裂割拠の政治情勢も統一されてゆくにつれ、社会全般に安定の時期が訪れる。各種の生産活動も回復発展の兆しを見せ、農業技術のたゆまぬ改革は一方で手工業の発展を大きく促し、陶瓷器の製作にもあらゆる局面で飛躍的な発展をもたらすことになる。おそらくこの時代は中国の陶瓷生産が最も繁栄した時期と言ってよいだろう。それは禹州神垕鎮の陶工たちにとっても例外ではなく、焼造の長い歴史、豊富な原料土、熟練の陶工集団を有する彼らには他にひけを取るものはなかった。彼らは先人の開発した'花釉'の技術に着目し、偶然の結果の反復から窯変の機微を習得し、さらに'銅'が釉料中で引き起こす作用を掌握、ついには絢爛華麗な鈞瓷銅紅釉を完成させるのである。

この半世紀近くの間、鈞瓷の誕生の地である禹州で数多くの考古調査がされてきたが、現在までに150余の鈞瓷の古窯跡が発見され、数多くの瓷片資料が採集されている。特に禹州城内の古鈞台（八卦洞ともいう）付近で発見された窯跡は、その規模や品質など他の窯場をはるかに凌駕する内容を見せ極めて注目された。とりわけ先述の徽宗代の銭范の発見や、北京故宮博物院所蔵の鈞瓷と同じく、底部に「一」から「十」の数字刻銘をもつ花盆〔植木鉢〕、盆奩〔花盆托、水盤〕の資料が数多く出土したことなどが大きな成果であった。

　これらの器種の大量の発見は、史上名高い'花石綱'〔徽宗が奇花怪石を全国から集め、船団（綱）をなして京師へ輸送した故事〕の記述に合致するもので、皇宮に集められた奇花異木の植栽鑑賞用の調度として多くの鈞瓷が焼造されたものと思われる。出土品の実態からも鈞窯が北宋の徽宗代には朝廷の裁量する官窯となり、もっぱら皇家の御用品の焼造にあたっていたことが確認された。

　靖康の変（1126）と言われる金軍の侵入と宋朝の南渡にともなう混乱と破壊は、中原地域の瓷業生産に大きな災難をもたらした。五代名窯の各窯が次第に凋落を余儀なくされる一方で、鈞窯瓷器はしたたかな生命力で逆境を生き抜き、わずかの停滞期間の後、金、元時代には復興を遂げ、再び発展することになるのである。それを可能にした要因としては、鈞瓷がもつ独創的な装飾技法がまず挙げられるが、同時に鈞瓷が広く民間にも知られるようになっていたことも大いに関係した。すでに当時の鈞瓷は一種の流行であるかのように、社会各層の人々に好んで受け入れられていった。この時期鈞瓷を焼造する窯場は各地に広がり、鈞窯系瓷業は活況を呈するようになる。豫〔河南省の別名〕北地区の安陽、林州、鶴壁、淇県、焦作、豫西地区の新安、汝州〔もと臨汝県〕、豫西南地区では魯山、郟県、宝豊、内郷などはすべて鈞瓷を

焼造した場所で、当然のこと鈞瓷の故郷の地――禹州では、「遍地窯烟は起こり　相い争いて光輝を放つ」という情景であった。

　河南省以外でも鈞瓷を焼成した窯跡は発見され、河北省の彭城、観台、内丘、隆化、山西省の渾源、長治、臨汾さらには内蒙古自治区の清水河などの地におよんでいる。

　また後章で述べるように明清時代に進むと、北宋鈞窯銅紅釉の特異な個性が鑑賞の分野で評価されたこともあってか、江南地方の窯場で鈞窯に倣った器皿の焼造が開始される。考古調査や関連資料からは浙江金華鉄店窯、江蘇宜興窯、広東石湾窯、江西景徳鎮窯などが確認されている〔元代に遡る窯場もある〕。

　ともあれ宋、元の時代に鈞瓷を焼造した窯場は、禹州を中心として放射状に分布し、前代にない範囲の広さや規模の大きさをもつ鈞窯系という大きな瓷窯群が形成された。しかし金、元以降の各地の窯場の製品は、ごく少数に鈞瓷の伝統が見られるものの、大多数の作品にはすでに宋代とは違う時代、異なった民族の好みが表わされるようになる。美しく妙なる窯変、紅紫が相映え、青は濃藍で紫は茄皮のよう、釉肌は玉のような潤いがあり、色合いや光彩は秀れて彩霞のごとき味わいを見せる。こうした宋代の鈞窯を際立たせた特徴は、金、元以降の鈞瓷にはほとんど見られなくなる。精細な製作態度も消失して器体は厚作りとなり、施釉も上半部で止められるばかりか発色も宋代の鮮麗さを欠き、窯変の彩斑の布置も単調でわざとらしく暗雲が垂れこめたように重苦しい印象のものとなる。

鈞瓷の故郷――陶瓷工芸の粋を集めた禹州

　唐代に始まって以来、北宋、金、元と数百余年の焼造の歴史をもつ鈞瓷は黄河南北の広範な地域の窯場に深い

鈞台窯跡景観

影響をおよぼしてきたが、中でも河南省には鈞瓷の窯場が集中し、また質の高い製品が焼造された。その中のいくつかの窯場では鈞瓷のほかにさまざまな種類の瓷器も焼造された。その原因が当時の政治、経済、文化と深く関連することは言うまでもないが、恵まれた資源や交通の利便性などといった自然地理的な条件も忘れてはならない。

そもそも中原は中華民族発祥の地のひとつで、唐宋の時代には中国全土の政治、経済、文化の中心であった。成熟した文化と先進の技術が鈞瓷の個性豊かな表現を育んだと言ってもよく、とりわけ禹州は地理的環境に恵まれていた。すなわち禹州は中原の中央部に位置し、西は漢、唐の古都長安（現在の陝西省西安）、洛陽に、東は三国魏の都許昌と北宋の東京汴梁（とうけいべんりょう）（現在の河南省開封（かいほう））に臨み、北は黄河近くで鄭州に接し、南は淮河（わいが）、長江へと開かれている。古くから陸路水路は四方八方へと通じ、

第2章◆鈞瓷の歴史　*17*

鈞台窯跡発掘前の調査

鈞台窯跡発掘作業

鈞台窯跡汝窯区の発掘作業

鈞台窯跡の鈞瓷の堆積

鈞台窯跡の鈞瓷の堆積

第2章◆鈞瓷の歴史　*19*

鈞窯の先進の施文技術が速やかに周囲に伝えられると同時に、各地の窯場の精良な技術もまた鈞窯に吸収された。こうして相互補完のネットワークが生まれ、各窯場が相携えて発展していく体制が整うこととなる。各種の製瓷技術が統合されることは鈞瓷の発展への推進力となっていたのである。

　北宋朝が確立された当初、政局は比較的安定し、「人烟の浩穣〔人が多い〕たるや茶坊酒肆、金翠目を輝かせ、羅綺は香を漂わす」と謳われるように平和の到来を歓迎し繁栄を謳歌する光景が現出する。鈞瓷の故郷禹州もその例にもれず、神垕鎮に限ってみてもその賑わいぶりは次の歌詞の通りであったであろう。「西南山に進み入れば、七里の長街現る。七十七座の窯あり、烟火は天を遮り住む。客商は天下に走り、日に斗金銭を進めたり」。これは当地に伝わる民謡の一節であるが、在りし日の窯場の情景、生産と流通の様子が生き生きと描写されている。

　北宋鈞瓷の故郷として、北宋窯業の一大中心となる禹州の瓷業を支えたものは恵まれた自然環境、特に優良にして豊富な瓷土の埋蔵にあった。禹州の瓷土は人々に‘碗薬’と呼ばれ、瓷土に富む丘陵は‘碗薬山’と名づけられた。『禹県志』巻3・山志には、「牝牛嶺の又東に一里の所を碗薬山と曰い、陶土を産する」とあり、条末の注に「神垕瓷場は此より土を取る」と記されている。『禹州志』には次の記載も見える。「州西南六十里、乱山の中に鎮が有り、神垕と曰う。焉に土が有り、陶して瓷を為ることができる」。また1950年代に実施された地質調査の結果は、「西峰山（禹州城南）には大量の細かな瓷土と耐火土の埋蔵が確認され、その範囲は東西約5000メートル、南北約1500メートルで、瓷土層の厚さは0.75メートル」というものであった。禹州の北部では陶土も採れ、『禹県志』では「岜村（現在の扒村）赤、八里村と

曰うは陶土及び石炭、鉄を産する。宋、金の東張鎮は旧の瓷場である……」と記されている。神垕鎮にも古くからの言い伝えがあって、それは「南山に煤〔石炭〕、西山に釉、北山に瓷土処々〔定まった場所〕これ有り」と平易で憶えやすい標語のような文句であった。これと同時に禹州域内には大小の河川が50以上もあり、潁河〔水〕、涌泉河、藍水、穀水など比較的大きなものだけでも16の河川がある。多くは時に流れを変えながらも長い間禹州の地を流れ過ぎ、多くの渓流がそこに集められた。鈞瓷が禹州に興り発展した背景には政治、経済、文化など多くの要因があるが、優良豊富な自然資源や地理的条件などに恵まれたことがそれをより促進させる大きな力となったのである。

近年禹州域内で行われてきた窯跡調査の結果、現在禹州管内にある23の郷(鎮)のうち窯跡が確認されたものは14郷で、古瓷窯場の総数は150余ヶ所にもおよんだ。禹州は河南省内はもちろん、全国的に見ても屈指の窯跡集中地であることは間違いない。これらの古窯跡は禹州の西南、真西、西北の丘陵地区に集中して分布し、それぞれ藍河、涌泉洞、歷河、潘家河、蕭河などの両岸に密集する。窯の立地に言われる'山に依り水に傍う'の言葉通りの布陣は見事でまさに壮観である。これらの窯場も神垕鎮を中心として南から北へ向けて次第に発展した。資料によれば東は順店党砦から西は鳩山官寺まで、南は神垕白峪から北は白沙桃園に至る500平方キロの崇山峡谷の中に100余ヶ所の窯場が集中し、稼動した窯2000基近くが確認されている。窯場の多くが丘陵中に開かれるのは、瓷土や燃料の採取に便利だからである。すでに発見された窯跡出土の瓷片から見ると、時代的には北宋中、晩期の例が最も多く、金、元代がそれに次ぎ、唐代と北宋早期の資料は少数であった。また地域的な早晩を言えば南が早く北は晩く、規模も南大北小、密度を言えば山

区が密集、平地は分散、製品の器種や品質の点では南が複雑丁寧で、北は単純粗雑と南優北劣の状況が認められる。

現在まで禹州で発見されている窯跡で唐代にさかのぼる例は趙家門窯、萇荘（ちょうそう）窯、玩花台、老観崖窯の4ヶ所である。趙家門と萇荘の唐代窯跡から発見された拍鼓、水注、碗などの破片はほとんどが黒釉白斑の装飾をもつ花釉で、黒釉に注がれた乳白斑、乳白に現れた筋状の藍色など窯変の釉彩は自然でのびやかであった。

禹州にあるその他100余所の宋～元の窯場では鈞瓷が主たる生産品であったが、扒村窯（はそん）に見られるような白地黒花や白瓷といった器皿も禹州のほとんどの窯場で焼成された。各窯場はみずから得意とするところと顧客の好みや市場の需要に応じながら、できる限りの個性を発揮すべく、生活感に富み親しみのある日用器皿の製作を心がけたのである。以下に代表的なものを挙げる。

白地黒花瓷〔白地鉄絵、白釉黒花ともいう〕　白泥を化粧掛けした上に鉄顔料で文様を筆描し透明釉を掛けて焼成するこの技法は、絵画的表現を陶瓷器の施文技法にとり入れたもので磁州窯系の主要な装飾としてよく知られている。この施文によるものは禹州の宋、元の窯場に広く見られ、中でも扒村窯の製品は典型的な性格を示し、また代表的な作例といって過言ではない。器形には碗、盆、罐〔壺〕、瓶、枕などがあるが、盤の類は見ない。

碗　大、中、小3種に分けられ、見込みに草花文を表わす例が多く、また「張」「秦」「花」「記」などの文字を記す碗もある。小型の碗の多くは外側の施釉が中ほどで止められ、口縁下に黒色でやや太い一圏線か細い二圏線がめぐらされる。中型碗は多くは外全面を黒色に施釉し、口縁部を白釉で際立たせている。大型の碗の場合も外壁は中ほどまで施釉される。3種の碗ともに高台は露胎で、頑丈な輪高台が作られている。

扒村窯白地黒花瓶

扒村窯白地黒花瓷片

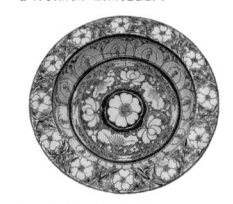

扒村窯白地黒花盆

盆 口径が40センチ以上におよぶものが多い。鐔縁平底の造りで、内面は総釉、外側は灰黄色の露胎となる例が多いが、黒釉が掛けられるものもある。内面と鐔縁に文様が描かれ、モチーフは蓮弁、蓮花、水波、魚藻、花草などで、中央に「盆」の一字を記した例もある。

罐〔壺〕 肩の丸い胴の張った形で、下半部は絞られて輪高台に収束する。上下を蓮弁文や回文〔雷文〕で囲み、主胴部に童児蓮花の図を描いている。運筆は自在で生動感に溢れた画面となっている。

瓶 梅瓶、花口瓶〔百合口瓶〕、玉壺春瓶などの形があり、多くは花草や動物文が描かれる。

枕 八角形、腰円形〔ソラマメ形〕、伏虎形などがあり、文様は多く辺縁を太い線で囲み、枕面に枠を描いてその中に花卉、動物、禽鳥、詩句などが表わされる。

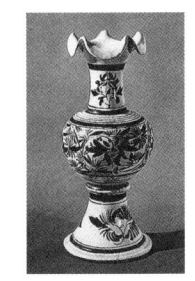

扒村窯に代表されるように白地黒花器には、陶工の豊富な生活体験と秀でた描写の技が盛り込まれている。画面はさまざまな文様が洗練された構成でまとめられ、民間の生活の息吹を伝えるものもあれば、文人雅士の清韻を醸しだす詩文曲詞もあり、清新で屈託のない表現は見るものを軽快な気分にさせる。

絞胎と攪釉〔練上手と墨流し〕　絞胎の技法は河南省の鞏県窯に始まる。代表的な遺例は絞胎の枕で、伝世品にも'裴家花枕''杜家花枕'の刻銘をもつ佳品が知られている。絞胎の技法は、異なる色調の2種の土を練り合わせたものを素地土として成形するか、あるいは薄い切片として器体に貼りつけるかするもので、その上から透明釉を薄く掛けて焼成すると石の紋理や木目にも似た不規則な縞目をもつ絞胎器が完成する。この品種は禹州の瓷窯でしばしば発見されるもので、さらに進んで攪釉技術へと発展していった。こうした例からも禹州の各窯場が鈞瓷の焼成に従事しながらも、それのみに限ることなく他地域の優秀で魅力的な製品があれば積極的に吸収し

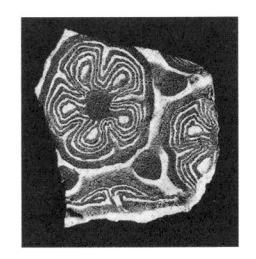

扒村窯白地黒花壺

扒村窯白地黒花瓶

絞胎瓷片と碗

発展の糧としていったことがわかる。

宋三彩と宋加彩瓷　唐三彩の名称でよく知られるように三彩は唐代に始まる。釉は鉛を熔剤とするもので7～800度と比較的低温で熔けることから窯芸では低火度釉陶に分類される。実用の生活器には不向きで、多くは副葬用〔明器(めいき)〕として供された。宋代に入り窯業が各地で振興するにつれて多彩な陶瓷を身の回りに置く楽しさ、生活に華を添える役割りを担うようになる。

考古調査の結果、禹州の鈞台窯と扒村窯で宋三彩が焼造され、扒村窯では宋三彩と宋加彩〔宋赤絵〕のみを焼いた窯跡も確認された。器形には盤、瓶、香炉、枕などがあり、色釉も従来見られた黄、緑、藍以外に扒村窯では鮮やかな赤や深黒という類例の少ない釉色や翡翠(ひすい)釉〔孔雀緑、トルコ青とも呼ばれる胴を呈色剤とした青緑色のソーダ（アルカリ）釉〕という新しい釉技も創案されるようになった。

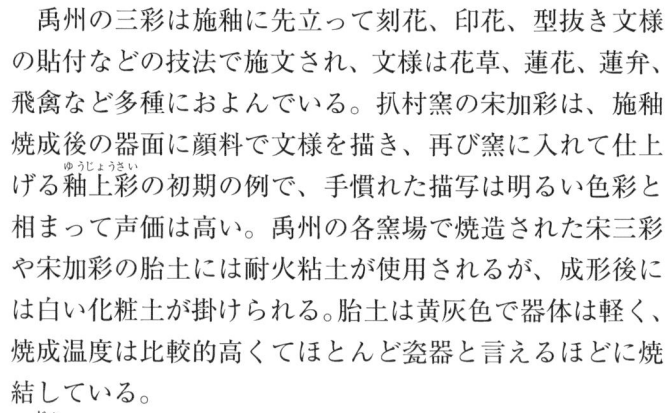

禹州の三彩は施釉に先立って刻花、印花、型抜き文様の貼付などの技法で施文され、文様は花草、蓮花、蓮弁、飛禽など多種におよんでいる。扒村窯の宋加彩は、施釉焼成後の器面に顔料で文様を描き、再び窯に入れて仕上げる釉上彩(ゆうじょうさい)の初期の例で、手慣れた描写は明るい色彩と相まって声価は高い。禹州の各窯場で焼造された宋三彩や宋加彩の胎土には耐火粘土が使用されるが、成形後には白い化粧土が掛けられる。胎土は黄灰色で器体は軽く、焼成温度は比較的高くてほとんど瓷器と言えるほどに焼結している。

汝(窯)(じょ)瓷　鈞瓷と汝瓷はともに宋代を代表する五大名瓷に数えられるが、両窯の位置は山を隔てて隣接しており、当然相互の交流はあったはずで、鈞瓷の故郷禹州でいわゆる汝瓷が焼成されたとしても不思議ではない。古陶瓷研究者の間では古くから「鈞汝は分かたず」あるいは「鈞汝は分かち難し」と言われてきた。それは両者に

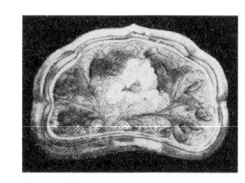

扒村窯宋三彩枕

見られる天青、天藍の釉色や紫紅斑の作品などがよく似た外観を呈することから識別が困難であったからである。しかし化学分析や数度におよぶ窯跡調査の結果、それぞれの窯や製品に対する認識も徐々に深まり新しい成果も実りつつある。

　鈞瓷と汝瓷は、胎土の精粗、造形様式、釉層の厚薄、釉色・釉質、装飾文様、焼成技術など外観の特徴に多くの共通性を見せるが、明らかに異なる点もある。両者の釉の分析、特に珪酸〔SiO_2〕と酸化アルミニウム〔Al_2O_3〕の含有比率から両者が対照的な性格のものであることが判明した。酸化アルミニウム分が多く珪酸分の少ない汝瓷の釉は、施釉が薄くても良好な発色が得られるのに対し、珪酸分が多く酸化アルミニウム分の少ない鈞窯の釉の場合、強い粘性のために施釉を厚くしなくてはならず、天青色の発色も釉層の厚さから生じている。また釉の組成は彩斑の発色にも影響し、鈞瓷の紫斑は濃く暗い色調になりやすく、汝瓷の紅斑は鮮やかに発色するがその例は少ない。

　このほかにも、鈞瓷の特徴として一般に口縁の釉の薄くなった部分に濃い胎土の色が浮かぶ'紫口'、高台など露胎部の器肌が鉄錆色に焦げた'鉄足'、外底を芝麻醬〔濃褐色のゴマ味噌〕色の釉で刷毛塗りした'芝麻醬底'などが挙げられるが、焼造時には鋸歯状の突起のある環形の支焼具が器の底に置かれるために、完成品には点々と突起に由来する丸い目跡が残ることとなる。汝瓷は高台も含めて総釉で、先を尖らせた支釘と呼ばれる支焼具を置いて焼造される。目跡は一般に3～5個で極めて小さく、古くから芝麻花〔ゴマ粒ほどの小点〕と呼ばれて見どころとされた。底部が施釉されず露胎となる例もあるが、その場合には塾餅と呼ばれる平円形の軟泥塊〔ハマ〕が敷かれ、鈞瓷の芝麻醬色釉で刷毛塗りする処理法とは明らかに異なっている。

鈞台窯出土の汝瓷碗と盒

鈞瓷の目跡

禹州鈞台窯でも汝瓷が集中して発見される区域があるが、その器種を見ると化粧料の盒など一部に精品はあるものの、大半は碗、盤、鉢といった日用の器皿であり、民窯的な基本性格がうかがわれる。出土した汝瓷の層位関係をもとに各時期の特徴について言えば、北宋早期は無文の例が多く、細かい貫入〔釉面に現れたヒビ割れ〕が見られ、小数の碗や盤では突線文で器壁を区分して、単調になりがちな器面にアクセントを加えている。北宋中期になると刻花技法が現れ、唐草や花卉折枝の図案が器面を飾り、北宋晩期に至ると印花の技法が広く採用されることとなる。文様の種類は多彩、刻文の技法は流暢で、印花の押捺も規整がとれて鮮明である。鈞台窯からは汝瓷であっても官窯的な製品は発見されていない。その事実は鈞汝両窯が相互に技術交流をする密接な関係にありながらも、本流と分派の違いがあったことを物語っている。

　青白瓷　影青(インチン)とも呼ばれる。近年の河南省陶瓷考古における新発見であり、河南陶瓷史の空白を埋める資料として注目されている。この発見によって青白瓷は主に江西省景徳鎮の湖田窯で生産され、他の窯場で生産されることはなかった、という従来の一面的な見方は訂正を迫られることになった。青白瓷の資料はまず鈞台窯の考古発掘中に確認され、その後、新安・城関窯、臨汝・厳和店窯、宝豊・清涼寺窯や黄河以北の安陽・善応窯などからも相次いで発見されているが、鈞台の資料が最も豊富で技術水準も高く、河南の青白瓷を代表するものといえる。

鈞台窯出土の青白瓷

　鈞台の青白瓷は汝瓷を焼造した区域から発見され、この青白瓷の呈色も汝瓷と同じく釉中の微量の鉄分の還元焼成によるものであることがわかる。刻花や印花の施文を見ても汝瓷の影響が明らかに認められる。ただし胎土は精細純白、釉は明るく透明感があり、内面の印花文が

清涼寺窯出土瓷片の堆積

外側からも透けて見えるなど、汝瓷の印花もおよばぬほどである。鈞台窯の青白瓷は北宋初年に始まり晩期まで途切れることなく焼造され、金、元の戦乱期に至って廃絶した。

　主な器形に碗、盤、盆などがあり、北宋早期は無文で厚手の例が多く、中、晩期には薄作りで刻花や印花のさまざまな花卉文様が表わされるようになる。特に印象に残るのは鈞台の汝瓷焼成区から出土した一件の影青瓷碗（26頁挿図）である。精細な質の薄く作られた秀麗な形の碗で、釉調も艶やかな潤いを見せ淡雅な青白色を呈する。内面には印花で花卉唐草が表わされるが枝葉を密に伸ばした唐草が花一輪ごとを浮き立たせ、花葉の間には点線文が添えられて立体感が演出され、器壁が薄いために文様は外側からもはっきりと見ることができる。花卉の輪郭など窪んだ部分に釉がやや厚く溜まり、淡青色あるいは浅緑色に発する以外はほとんど純白に近い。この青色に白色が現れ、白色に青が浮かぶ瓷器、精細堅致で純浄温潤、胎釉ともに高い完成度を示す青白瓷が、鈞瓷や汝瓷と密接な関係にあったことは容易に想像される。

　さらに推測を進めれば「青きこと天の如く、明らかなること鏡の如く、薄きこと紙の如く、聲は磬の如し」という五代の柴窯について言われた特徴をそこに認めることもできる。ここでも鈞窯瓷器が発展する中で、他の窯場の技術を排除することなく貪欲に借用、吸収していった姿をうかがうことができる。

　天目瓷　'天目'という名称は浙江省と安徽省の境にある天目山に由来するとされる。かつて山中には仏教寺院が林立し、渡来した日本人留学僧は帰国に際して常用の建窯黒釉瓷碗を携える者が多く、天目山から請来されたやきものという意味で'天目瓷''天目茶碗'と呼ぶようになったと言われている。さらに'天目'の語義は敷衍されて、黒釉全般を意味するようになる。1930年代、

第2章◆鈞瓷の歴史

豫北焦作の李封村の一帯で大量の瓷片が収集された。その中には無文黒釉のほかに油滴、兎毫、玳瑁〔鼈甲〕など各種の窯変文黒釉があり、また日本では白覆輪と呼ばれる、口縁部に白色の縁取りをもつ黒釉器も含まれていた。こうした黒釉器〔福建や江西のものとは違う〕が独特の性格を示すことから欧米の学者を中心に華北各地で焼かれた黒釉器の総称として'河南天目'の名称が用いられるようになった。

黒釉白覆輪碗

　河南省では唐宋以来膨大な量の天目瓷が生産されているが、その多くは磁州窯系の白地黒花と同じ窯で焼造されている。禹州の各窯場もまた鈞瓷と天目瓷の双方を焼造する窯場が多く、五大名窯のひとつに数えられる鈞窯の中の官営窯場——鈞台窯においてもひとつの窯区がもっぱら天目瓷の焼造にあてられている。鈞台で発見された天目瓷の窯は、4基の窯が隣接して南北一列横並びに築かれたもので、焚き口は西向き（やや北に振れる）、平面馬蹄形で、焚き口、燃焼室、焼成室、煙突（焼成室の後壁に三本設置される）からなっている。この種の窯の特徴は、構造が単純でその場の地面を掘りさえすれば主要な枠組は出来上がるという築造の容易さと保温適性にある。天目瓷の窯変は高温度の一定範囲で形成されるもので、釉中のカリウム分が高温下で蒸発し、アルカリの比率が減少すると釉中に鉄分を熔解する能力も低下し、飽和した鉄分が析出する現象である。カリウム分が減少するほど多くの鉄分子結晶が成長することになり、その上一つの器物でもその部位によって温度環境は異なり、窯変の現れ方は千変万化となるのである。釉の成分も当然大きく関係する。黒釉天目瓷は、鉄の飽和溶液が絶好の条件に恵まれた時に釉面に浮かび上がる各種の彩斑で、独特の装飾効果を現出させたものといえる。

河南天目瓶

　鈞台の天目を焼造した区域からは大量の天目瓷片のほかに相当量の窯道具が発見されている。桶形や垂直の側

28

壁をもつ漏斗形の匣鉢、墊餅やさまざまな支焼具などである。天目瓷の器形には碗、盤、鉢、瓶、盞などがあり、胎土はやや粗く、未焼成時の器肌は紅褐色や灰白色であるが、黒釉に覆い隠されることでこの欠点は見事に克服されている。成形は轆轤か型を併用する例が大半を占め、耳や把手は手捏ねによっている。施釉は薄いが光沢は強く、外側は中途で止められ、碗や盤の見込み中央を掛けはずしたり、五角形や六角形の図案的な露胎部を削り出した例もある。いずれも重ね積みして焼成する際に熔着するのを防ぐためにあらかじめ必要とされる処理である。それは工芸品としての意匠でもあるが、本来は同形器を重ね積みして匣鉢に収めて窯詰めするためのものであり、窯室空間の利用効率を向上させるものであった。中にはさらに器皿間の隙間を少なくするために石英の粒を梅花状に置く例も見られた。

　こうして焼成された鈞台窯の天目瓷は、無文黒釉のほかに兎毫、油滴、玳瑁など多彩な窯変文で釉面を飾り、自然美妙な窯変の彩斑は美しい色沢で眼を奪う。鈞台窯が焼造した器の中でも最も成功した例のひとつといってよいだろう。

鈞窯系の窯場

　盛期の鈞窯瓷器を大輪の花にたとえれば、北宋初年は蕾を大きく膨らませ芳香を放った時期といえる。その清新な香りに引き寄せられるかのように各階層の人士はこの誕生間もない瓷器を愛好した。北宋中、晩期になると銅紅釉の安定、焼成技術の成熟、複雑な窯変の制御などによって'紅紫相映''絢麗多姿''窯変神奇''艶麗絶倫'などと形容される鈞窯の風格がはっきりと打ち出され、その他の窯場の追随を許さないものとなった。北宋の末年、朝廷みずからが管理する官窯を鈞台に設置させたのもその盛況があればこそなのである。官窯には民間

から技量のすぐれた陶工が集められ、宮廷の需要、指定に基づいて器種の数はもとより生産工程のいっさいが管理され、一方では種々の方策を用いて民間での鈞瓷の生産を制限した。鈞台窯で焼造された御用品であっても厳格な製品検査が行われ、規格外とされたものは打ち砕かれた後に深く埋められ、民間への流出は徹底的に防止された。官窯鈞瓷に見られる高度で厳格な生産のありかたは、鈞瓷の技法が広く民間で発展することをある程度制限したが、鈞瓷の技芸はその中でますます磨きがかけられていった。

すでに述べたように河南省禹州は鈞瓷の発祥の地であり、神垕鎮一帯では晩唐時期すでに'唐鈞'が焼造され、北宋初期になると焼成される鈞瓷は相当な水準に達していた。また北宋晩期には官営鈞窯も禹州城内の古鈞台付近に設置され、鈞瓷生産の中心としての禹州の地位が確立する。鈞瓷が独特の窯変技術で声価を高めたことは、周囲の多くの窯場にも甚大な波及効果をおよぼした。官営の鈞窯が北宋末年の騒乱の中で廃止されるや、そこに蓄積された技術はいっせいに周囲に伝播拡散することとなる。各地の窯場は競合しながら焼造品種や焼成技術に共通性あるいは近似性のある大きな窯場群——鈞窯系を形成するようになる。

考古調査の結果によれば、鈞瓷を焼いた窯跡の発見は華北の4省（区）27県市におよぶ。河南省だけでも禹州を除き汝州、郟県、許昌、密県、登封、宝豊、魯山、内郷、宜陽、新安、焦作、淇県、輝県、浚県、鶴壁、安陽、林県など17の県市におよぶ。その他の地域でも河北省の磁県、山西省渾源、内蒙古自治区の呼和浩特市などで窯跡の発見が報告されている。そうした中で禹州鈞台の生産には官窯の性格が色濃く現れ、製品のすべては宮廷内に飾られる鑑賞用瓷であり、技量の限りを尽くした精細な作品のみが焼造された。禹州神垕地区には北宋期の窯

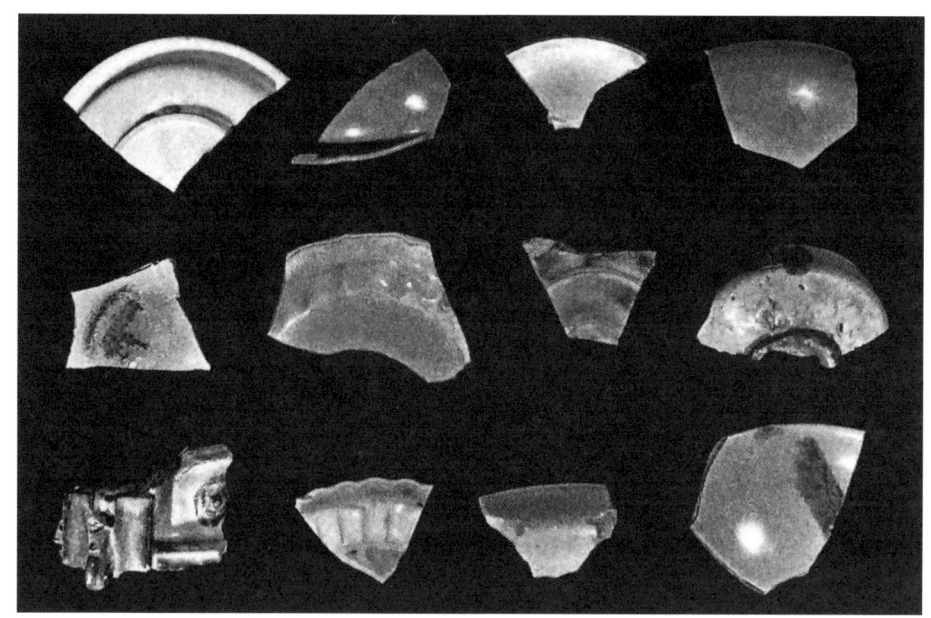

東窯溝窯出土瓷片

場が集中するが、瓷土、釉、燃料という豊富な自然資源がその活動を支えていたのであり、また付近の山中では銅鉱石の一種孔雀石も産出された。熟練の陶工たちの経験は金属呈色の機微を巧みにとらえ、孔雀石の粉末を草木灰の釉料に混ぜ合わせ、高温還元の焼成を経て器面に鮮明な紫紅斑を浮かび上がらせることに成功する。一種奇抜とも見えるこの斬新な器面装飾は、一度世に出るや江湖の好評を博し、他の窯場の注目する所ともなったのである。より大きな利潤を求めて各地の窯場もこの新技術の倣製に殺到し、神垕鎮の先進の技術は次第に周辺の地域へと伝えられていった。

　鈞窯の技術的影響を比較的早く受けた臨汝窯では、在来の印花青瓷に加えて鈞瓷の焼造が開始されるようになる。一例を挙げれば臨汝（現汝州市）の東北隅の東窯溝窯などは山を隔てて禹州と隣接する位置にあり、焼造した青瓷には汝窯の特徴もあれば鈞窯の風格も見られ、両窯の密接な関係がうかがわれる。東窯溝で焼成された鐔

縁の洗などは禹州神垕の劉家門の同類器に酷似するもので、宋代鈞瓷の特徴がいかんなく発揮された作例と言える。一方で洗底に渦状の浅い窪みが見られ、天藍色の釉に現れた玫瑰紫色の彩斑があれば青緑色に総釉される例もあるなど、その作風は鈞窯と汝窯の性格をあわせ持ち、両者の位置関係そのままの生産状況が示される。

　洗に見られるように総釉で、焼成に際してはごく小さな接点の支釘で承けるという方法は鈞窯、汝窯ともに見られる特徴である。臨汝で鈞瓷を焼成した別の窯場が蟒蚣山にもあり、その鐔縁洗は多くが月白釉で、中には鮮やかな赤色の彩斑を浮かび上がらせる例があり、淡い月白釉を背景に鮮烈な印象を与える。この種の月白釉紅斑洗はその他の窯場からは発見されず、伝世品の中にも完整の器形を見ることは少ない。おそらくそれは蟒蚣山独自の作風であったのであろうが、北宋末期に官営鈞窯が設置されるにともなって臨汝地区における鈞瓷の焼造は停止する。金の章宗（在位1189〜1208）以降、臨汝の印花青瓷の生産は次第に衰退するが、鈞瓷の焼造は再び息を吹き返し、次第に従来の青瓷に取って代わって発展をとげることになる。

　各地の鈞窯系窯場での焼造はなんといっても民間の需要に応えることが主眼であり、器形の構成も碗、盤、罐、香炉、鉢といった生活用品からなっていた。釉色釉調の面でも可能な限り鈞瓷に肉迫することが目指されたが、そのなかで新安の城関窯の窯変玫瑰紫はなかなかの出来映えを見せている。こうした金、元代に数多く現れる鈞瓷の焼造を主とする瓷窯群の製品は、窯変の効果や紫紅、青藍、茄子紫の発色、艶やかで潤いのある釉調など宋代の伝統をよく引き継いでいる面もあるが、多くは宋代の鈞瓷に見劣りするものと言わざるを得ない。それは地域を異にすれば、胎、釉の原料も当然同質のものを入手することは不可能で、製品に違った表情が生まれることは

蟒蚣山出土鈞瓷瓶残欠

城関窯出土の鈞釉碗

避けられない。黄河以南禹州近傍の窯場では胎土は灰褐色、天青・天藍の釉色は濃い目、一方黄河以北では胎土は黄色か灰白色、天青・天藍の釉色は淡くなりがちである。

河北省の磁県は磁州窯系窯場の中心地の一つとしてよく知られている。当地でも元代に入ると禹州鈞瓷技術の影響や社会各層の好みに対応しながら、激烈な市場競争を生き抜くためには鈞瓷を製品のレパートリーに加えることを余儀なくされる。しかしその生産規模は大きくはなく、器形も各種の碗、盤、碟〔小皿〕など小型の日常器皿に限られていた。最新の考古資料によれば、このほかにも河北省の彭城、観台、内丘、隆化などで鈞瓷を焼造した窯場が発見されている。

山西省の鈞瓷焼造の窯場は渾源窯のほかに臨汾、長治などがある。渾源窯では碗の類が多く焼造されている。施釉は厚く釉色は天藍色を主とし、外側の露胎部が黒褐色を呈する点など河南河北の鈞瓷の露胎部の呈色とは全く異なり、渾源窯独自の特徴となっている。

内蒙古自治区呼和浩特で焼造された鈞瓷は同市東郊から出土した元代の香炉（カラー図版54）と澱青釉双耳瓶（カラー図版59）に代表される。両作品ともに、型や手捏ねで別に作った装飾を貼りつけたり、鏤孔〔透し彫り〕の技法を駆使して元代の陶瓷装飾の新しい性格の一端を現している。香炉には「己酉年九月十五小宋自造香炉一个」の銘をもつ題額が頸部に表わされている。己酉年は元武宗の至大2年（1309）と考えられ、この香炉もその時の焼成と推定される。具体的な焼造年代が知られる基準作例であり、さまざまな装飾要素が盛り込まれた元代鈞瓷の稀有な優品といえる。

河南省禹州の鈞窯を中心として以上の諸窯が綺羅星のように周囲に配され、元代には広い範囲にわたって鈞窯系の窯群が形成されていたのである。鈞窯系は華北の窯

天藍釉双耳三足香炉

澱青釉双耳瓶

系の中では最も遅れて形成されはしたが、その影響力の強さは他の窯系をはるかに凌ぐものであった。おそらく次のように考えることができるだろう。鈞窯瓷器の生産は北宋末年の戦乱で大きな痛手を被ったものの、その先進の技術的影響は諸地域におよび、華北地域から消滅されることなく周辺の民窯の生産品種の中では主導的な地位を占め、そうした器皿が全国へ広められていったということである。全国各地で進められている考古調査からみても、金、元時期の墓葬や窖蔵〔地下貯蔵穴〕から発見された鈞瓷の地域的分布は極めて広範囲で、8省1自治区の40近くの県市におよび、華北地方に集中し江南に少ないという傾向が示されている。北は北京、内蒙古、東北は遼寧省の建昌、鞍山、遼陽などの地におよび、南は江西省の高安からの発見が報告されている。

　北宋末年、宋と金が対峙し金が中原を占拠すると、多くの窯場も破壊を免れることはできなかった。北宋政権の南遷にともない中原地域の名だたる窯場の陶工たちも次々と南方へと避難を開始する。彼らの蓄積された先進的技術知識(ノウ・ハウ)が南方の瓷業の発展を促進するようになることはなんの不思議もない。特に鈞窯は精細な技術と独特な施文装飾もあって極めて根強い生命力を有していた。それは金元以降、華北の各窯場間の競合に鍛えられながら、やがて他の名窯を凌いで影響力のある広範囲な瓷窯群へと成長した事実からうかがえ、また元代の末年におよんで鈞窯系瓷窯が衰退に向かうや鈞瓷の特質、技術の精華がかえって輝きを増して南方の名瓷の中に再現されることからもいえる。

　例えば江西省の景徳鎮窯では当地の優秀な原料と技術に基づいて、元代晩期には酸化銅を呈色剤とする精良な紅釉瓷や銅紅を顔料とした釉下彩瓷〔釉裏紅〕の焼造に成功している。器全面に熔け広がった紅釉の色調はやや暗い朱紅色で、鈞瓷の紫紅、紅藍の微妙な釉調、鮮艶な

元鈞瓷碗（山西大同馮道真出土）

元鈞瓷鉢（山西侯馬県東凝出土）

赤色にはおよばないものの、銅紅色の発色の機微は宋代鈞瓷と基本的には同一で、両者を繋げる一筋の技術の流れを想定することも不可能ではない。ともあれ元代晩期の景徳鎮で焼造された紅釉瓷は、中国陶瓷史の上でも真正な紅釉瓷が出現した例として注目され、それが明代永楽、宣徳期の'宝石紅'とまで称されることになる精美な紅釉瓷器の基礎にもなったのである。

　明清の時代には南方の著名な窯場の中に倣鈞の焼造が流行する。置物、花器、文具、茶具といったいわゆる美術陶器の焼成で知られる江蘇省宜興、広東省石湾や景徳鎮などで倣鈞瓷が焼造されるようになり、それらの作品は'鈞'の一字を冠して呼ばれるようになる。宜興の釉陶は'宜鈞'あるいは'泥鈞'、広東省石湾窯の製品は'広鈞'、景徳鎮の倣鈞瓷は'炉鈞'という。これらの窯場は鈞瓷の伝統技術の吸収にとどまらず、さらに新しい品種を創案していった。それは鈞窯の優秀さを宣揚するものであり、また新時代における再生と発展の姿でもあった。人々に称賛された'鈞、汝、官、哥、定'の宋代五大名窯は、戦乱の惨禍に見舞われて甚大な損害を被り、元代にはほとんど足跡をうかがうことができず人々の口にのぼることもなくなっていく。そうした中で鈞窯瓷器のみが強い生命力を示し、各地で競って倣造が行われるという形でさらなる活路を切り拓き、その後の中国陶瓷の発展に強い影響力をもち続けたのである。

広鈞・梅瓶

炉鈞・急須

鈞瓷の編年

　鈞瓷の焼造は唐に始まり元に至るまで数百年もの長期におよび、その発展の軌跡を辿るだけでもたやすい作業ではない。そこで考古発掘で確認された層位関係や鈞窯の解明を目的として実施された調査研究の成果を踏まえながら、創業、発展、隆盛、衰退、復興の5つの時期に分け、その特徴を概観することにする。

第1期　創業期

　後世'唐鈞'と称されるようになる花釉瓷器の焼造の成功は、窯変彩斑の技術という点で宋代の鈞窯銅紅窯変釉の誕生に大きな影響を与え隆盛の礎となった。当然唐鈞の成り立ちや施文技法には独自の発展法則があり、単純から複雑、未熟なものから完成度の高いものへと変化をとげている。

　早期の装飾技法では彩斑は比較的厚く器面に施されている。まず器表に黒釉を掛け、その上に天藍あるいは月白色の彩釉を斑状に盛るもので、焼成温度が低目であれば完全には熔融せず、施文の際の痕跡をそのまま完成品に残すこととなる。

　中期になると釉斑は塗布か点彩で施されるようになる。一般的には器皿を釉液（多くは黒釉か白釉）に浸し、その後数ヶ所に青藍の彩斑を塗るか点じるもので、焼成後にやや規則的ながら鮮明な彩斑が現れる。

　厳密に言えば、早中期の装飾方法は自然な熔融による宋鈞とは明らかに異なり、唐鈞の装飾は人為的で斑文も予期された場所、形、色に現れる。

　唐代晩期になると花釉瓷器の彩斑は本来の意味での'窯変'に到達する。唐鈞の呼称もこの時期の花釉瓷を指すものと言ってよい。施文技法はまず黒色の地釉は同じだが、その後器面をめぐって藍色の釉料が注ぎ掛けられる。焼成はおおむね高温で、両種の色釉は乳白の混濁を見せながら互いに熔融し、器表には雨脚そのままの彩斑が現れる。こうした釉の熔融や流動は窯内の環境のみがなし得る自然の技で、そこにはなんの規則性も感じられず制御は全くおよばない。'窯変'と呼ばれる由縁であり、同時に宋代鈞瓷の窯変に向けて一直線に路が開かれることとなった。異なる点といえば、唐鈞が鉄、チタンを呈色主成分とする色釉で酸化炎で焼成されるのに対し、宋鈞では銅、鉄、コバルトの還元焼成によるという

ことである。

第2期　発展期

　北宋の初年、禹州で最大規模の民間窯場であった神垕鎮の劉荘窯を代表としてその特徴を述べれば次の通りである。

　劉荘窯を代表する器種は粉青釉〔失透気味の青釉〕紅斑文の器皿で、唐鈞窯変釉の清澄明快、豪放洒脱な性格を示すと同時に、「釉は脂のごとく〔艶めき〕、〔釉肌の〕潤いは玉のごとし」と形容された汝窯青瓷の特徴をも兼ね備えている。青瓷の釉色として名高い天青、天藍、月白も唐鈞と汝釉の得意とするところから生み出された独自の釉調、色沢であった。その釉面はあくまで純にして玉のような潤いがあり、失透気味の温和な光沢を含んだ表情は藍瑪瑙か藍宝石かと見紛うばかりの美しさである。主な器物の種類は盆、瓶、香炉、洗、盤、碗、碟、盒の8種で、一定の規整が感じられる。花盆〔植木鉢〕が鐘を仰向けにした形式に限られる以外は各種の器皿はいくつかのバリエーションをもっている。

　盤、碗、碟の類はほとんど総釉で、高台にまで施釉がおよぶ例もあるが、高台にはしばしば褐色釉の化粧塗りが施される。胎土は精細で堅く焼き締まって灰黒色を呈し、薄い器壁を厚く覆う青緑釉の輝きは息をのむほどの美しさである。窯詰めに際しては基本的に一器ずつ匣鉢に収める方法が採られ、匣鉢との熔着を防ぐために底部には支釘を置いて器皿を浮かせた。器皿の見込み中央部の釉を欠く例や外側の施釉が中途で止められた例は、重ね積みや入子状に組み合わせるなどして窯詰めするための処置である。この時期は鈞窯の歴史の中では発展期にあるというものの、成長の速度は驚くほど速く、製作技術はすでに成熟度を深め、製品も相当に精細を極めるまでになっている。

第3期　隆盛期

　この時期の特徴を最もよく表す窯場は禹州鈞台の官窯で、製品には質的変化が見られるようになる。

　器形の種類は碗、盤など少数の日用器皿以外はほとんどが宮廷の御用品で、花盆、盆奩(ぼんれん)、尊、瓶、洗といった鑑賞を主とする器物が大半を占めた。

　器皿は内外ともに総釉が施され、高台内は芝麻醤色の釉が化粧掛けされる。底部にはしばしば「一」から「十」までのいずれかの数字が刻まれている。伝世の官窯鈞窯器の中には「奉華」や「省符」といった刻銘をもつ作品もある。

　施釉は独特で、銅紅の窯変技術も安定成熟し普遍的に使用されるようになる。釉の調合、施釉、焼成の各工程はすべてに飛躍的な技術革新の跡がうかがえ、呈色剤、補助剤として釉に配合される鉱物原料は銅、鉄、燐(りん)、錫(すず)など多種におよび、用途に応じて数種に調合された釉は所期の発色にしたがって入念に掛け分けられ、還元雰囲気下の焼成で複雑な変化を引き起こした。基本的な釉色は赤、藍、灰、白の4種であるが、窯変の結果、各色は複雑に熔け合い多彩な色相形状を現出する。光芒を周囲に放射するものもあれば、山々を縫ってたなびく霞のように横や斜めに薄く伸び広がる例もある。条文をなす色彩はあるいは激しい勢いで垂直に流下する景観を呈し、峻崖を震(ふる)わす瀑布の響きが伝わってきそうである。ときに気勢雄渾、ときに飄逸夢幻で、神韻を具えるといってもいいほどである。こうした人為を全く感じさせない自然天工の美しさこそ北宋晩期の官営鈞窯の際立った特徴で、他窯の追随を許さないところである。

　鈞台の官窯は朝廷に管理され、製品はもっぱら皇室の御用に供された。製造にかかわる原料や燃料等の調達、窯の経営など経費には金の糸目をつけず、また民窯の中からすぐれた陶工が選ばれ官窯に集められた。鈞台の製

品が他を圧して精細の度合いを増していった理由はそこにあり、鈞瓷の焼造技術は最高の水準にまで押し上げられ、生産量も増大してひとつのエポックをなすに至った。

第4期　衰退期

　北宋の末年、金軍の侵攻にともなう破壊と混乱は、経済、文化が高度に発展していた黄河中下流地方に深刻な被害をもたらした。官営であった鈞窯もその他の窯と同じく中断、荒廃のやむなきに至る。しかし時間の推移とともに金宋が対峙する局面になると、戦闘行為も減少し正常に近い生産活動が可能になってくる。鈞瓷も金人の支配下にあった広大な華北地方である程度焼造を回復し、ゆるやかに再び発展の道を進むことになる。しかし製作の水準は北宋時期に比べると雲泥の差があった。

　器種は碗、盤、罐、瓶、香炉など民間の実用向けのもので、製作上の規整は感じられない。釉色は天青、天藍が主で、釉質は粗く気泡や棕眼(ピン・ホール)の発生も多い。一般に高台以外は総釉で、胎土は粗く脆い。紫紅色の彩斑をもつ例もわずかにあるが、色彩は焼成温度が低かったせいか光沢に乏しく不自然さが目立つ。

第5期　復興期

　元時代は窯業が大きく発展した時代であり、その背景としては活発な商業活動とりわけ海外貿易の進展があげられる。この時期南方の景徳鎮はすでに中国瓷業の中心としての地歩を固めつつあったが、華北の瓷業も従来の停滞を打ち破り発展の路を切り拓いてゆく。鈞窯瓷器についても造形、生産量ともに金代以来の面目を一新し、窯場も河南省にとどまらず広範な地域に広がって鈞窯系の瓷窯群が形成されるようになる。

　この時期の鈞瓷の特徴は以下の諸点にまとめられる。

　1）量が多く質は粗いということ。元時代鈞瓷はすで

に華北地方で主要な日用器皿として普及し、各地の窯場で焼成されはしたもののそれが品質の向上につながることはなかった。

2）大型化もこの時期に見られる顕著な変化である。瓶の遺例で最大のものは高さ70センチにおよび、宋金代の鈞瓷には例がない。

3）別作りの装飾を貼り付けた浮彫り風の施文や透かし彫り技法が積極的に採用される。内蒙古自治区呼和浩特で発見された香炉（カラー図版54）や透かし彫りの瓶（カラー図版59）はその代表的な作例である。

4）釉色は天藍が主で、紫紅斑をもつ例が少数あるが、平板な印象のものが多く、宋鈞の自然さにはおよばない。

5）施釉は底部には至らず高台は露胎である。窯詰めに際してはすべて墊餅（てんへい）が用いられる。

この時期民間の大量の需要に向けて、全国各地とりわけ華北に陸続（りくぞく）と窯場が開かれ鈞瓷の焼成が行われた。そうした趨勢が鈞瓷の復興を促す原動力となったのである。しかし各窯場はもっぱら生産量の拡大に追われて品質は軽視された。胎釉ともに吟味、調整が不充分であれば良好な質が求められるはずもなく、ついには鈞瓷本来の面目すら失われることになる。元末に至り徐々に工芸的な生命力を喪失しつつあった鈞瓷は、数百年におよんだ焼造の歴史に幕を下すことになるのである。

天藍釉双耳三足香炉

澱青釉双耳瓶

第3章　釣瓷の黄金時代

鈞台窯の沿革とその規模

　鈞台窯が北宋朝廷がみずから管理する官窯とされたことは決して偶然のことではなく、禹州の数多い鈞瓷の窯場の中から特に皇室御用の窯場に選ばれるにはそれ相応の理由があったはずである。鈞台窯の勃興については北宋早期の民窯である神垕鎮の劉荘窯との密接な関係が注目される。

　劉荘窯の開窯は比較的早く、技術は精細で器種が多く品質も高い。それを可能にしたのは有利な地理的条件と絶好の自然環境によるところが大きい。唐代に黒釉藍斑窯変釉の焼造で知られる下白峪窯は同じ川筋の上流にあり、美しい青瓷を焼造した臨汝窯とは山をはさんで隣り合う。そうした位置にある劉荘窯は当然先進技術に早くから感化を受けたに違いない。

　劉荘窯の早期の鈞瓷は、製作は精細で器形は端正、薄い胎土に釉が厚く掛けられ、「翡翠に類し玉に似る」と形容される理想的な釉調に焼成されたものは'雨過天青'の美称で呼ばれるまでの水準に到達する。劉荘窯の成功は後続の窯場にも大きな影響をおよぼすこととなり、鈞窯系窯場のすべてがその基礎の上に発展したと言っても過言ではない。新参の鈞台窯も例外ではなく、劉荘窯の先進技術が導入されただけでなく、陶工たちが官窯焼造のために糾合されるに至ったその間の事情は、鈞台窯から発見される器皿が何よりも明快に証明している。

劉荘窯出土の鈞瓷片

　鈞台窯の著名な品種である玫瑰紫、海棠紅、茄皮紫、鶏血紅、鸚哥緑、葱青〔青緑色〕などといった多彩な銅

紅窯変釉の展開ももとをただせば劉荘窯に代表される「天青彩を掛くるや、渾然として一片たり」と言われるような青釉の完成の上に達成されたものといえる。劉荘窯が鈞窯の先駆けとなったことは間違いなく、こうした民窯の広範な発展の基盤なくしては官窯の成立もあり得なかった。

　北宋の中期から晩期になると、宮廷内の園林築造から生じた需要を満たすため、従来の民窯製品から上級品を貢納させるにとどまらず、禹州城内に鈞台の地を選んで官営の窯場を設け、役人を派遣して監督させるようになる。官窯の製品に原価の意識はなく、ひたすら精巧唯美が追求され、鈞瓷の外観内容も飛躍的に向上し、同時に中国陶瓷史に占める鈞台窯の重要な地位が確立された。

　鈞台窯は禹州城内の東北隅に位置し、その名称は城内に古くから残る鈞台の遺跡に由来する。『竹書紀年』夏本紀に、「夏の啓には鈞台の亨〔饗宴〕有り」とあり、清、郝懿行の『竹書紀年校正』は「元歳癸亥の年に、帝（啓）は夏邑に即位して、諸侯を招いて大いに鈞台で饗応しようとした。諸侯はこれに従った」とその歴史的出来事（イベント）を伝えている。今から四千年も前の昔、夏禹〔殷に先立つ夏王朝の始祖〕は禹州にあって「封を受けて夏伯となり」、その領地は「夏邑」と呼ばれ「鈞台」という建造物があった。そして禹の子啓に至り、'鈞台'に諸侯を会同して宴が催され、中国で最初の建国宣言が発布されるに至る。それは天下を揺がす政治的な重大事件であり、とりわけ禹州にとっては最大級のことであった。'鈞台'は輝かしい記念の場所とされるようになるのである。以来時は移り王朝が代わることはあっても、行き交う文官・武官たちにとって鈞台は朝拝を欠かせない神聖な場所とされていた。しかしその位置が禹州城から離れること7.5キロと不便なことから、唐代以降に城内北門から入った所に建てられた禹王廟の前にある台観が

'古鈞台' にあてられるようになり、いつしか慣習的に禹州城内の鈞台が人々の敬仰して足をとどめる聖なる場所となってゆくのである。禹州城内に窯場を設営して独自の窯変銅紅釉瓷を焼成するに際して由緒と知名度を兼ね備えた '鈞台' の名を製品に冠することを思いついたとしても決して不思議なことではない。

　1970年代、公共工事にともなって河南省の文物調査部門は鈞台窯跡全域に対するボーリング調査と拠点発掘を行った。それは鈞台窯の歴史や性格、製品の種類や窯芸技術などについてさらなる認識を得ることを主眼とするものであったが、ボーリングの結果、窯跡の範囲は東は城壁、西は '古鈞台' 遺跡および、北は頴河のほとり、南は劉家閘まで続くことが確認された（下図参照）。東西は1100余メートル、南北約350メートルで総面積は38万平方メートルを越える。窯跡内の遺物堆積層の厚さは約1メートル、厚い部分では2メートル以上にも達し、往時の盛大な生産活動が推察される。

禹州市鈞台窯址保護区

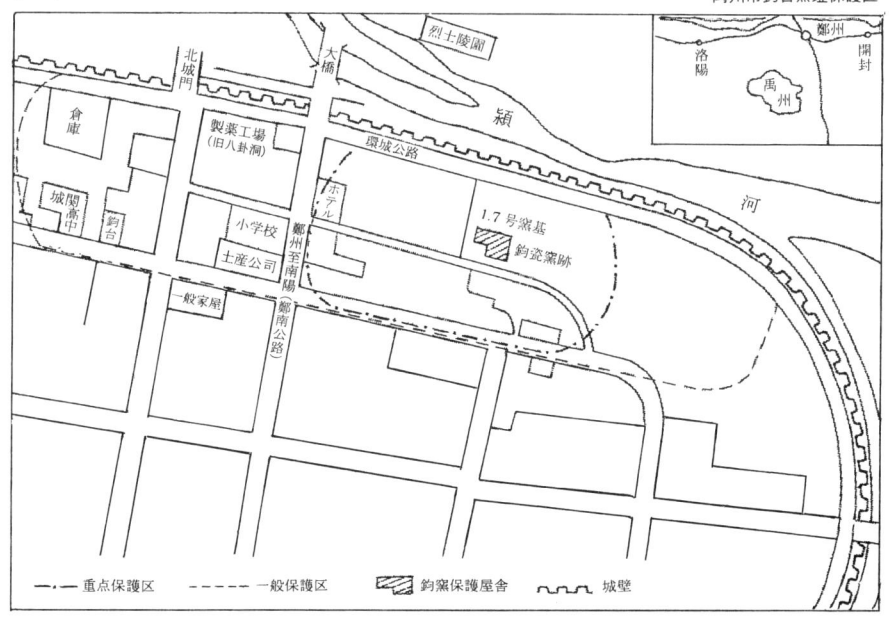

鈞台窯の発掘では窯、工房、灰坑〔穴状の遺構で土質の違いからこの名がある〕などの遺構をはじめ窯道具、瓷片、瓷土、釉、彩料そして瓦塼、瓦当などの建築材料等大量の資料が発見された。焼造された品種には鈞瓷、汝瓷、影青瓷、天目瓷、三彩や扒村窯に類した民間日用の白地黒花なども見られた。窯跡の分布状況から各種の製品はそれぞれ一定の区域で焼造されたことが判明し、同業が集中する窯場でありながら一種の住み分けがされていたと想像される。すなわち鄭南公路〔鄭州と南陽を結ぶ公道〕以東は鈞瓷焼造区であり、以西の禹州製薬工場前庭は天目焼造区、工場の後庭八卦洞付近が汝瓷と影青の焼造区、禹州城の旧北門から鈞台古跡に至る両側が白地黒花の焼造区となっている。

　鈞台窯の主力製品は鈞瓷で、その焼造で天下に名を知られはしたが、一方で別の品種の焼造も同時に行われ、各種の創意技術の融合は鈞瓷をさらに発展させる力ともなった。

鈞瓷の窯の構造と特徴

　鈞台窯跡全体に対して実施されたボーリング調査と発掘の結果、比較的完好な状態の窯11基が確認されている。鈞瓷を焼造した窯は2基、汝瓷を焼造した窯が5基で、天目の窯が4基である。5基の汝瓷の窯は、焚き口を北にし平面ほぼ方形の焼成室の後壁に3本の煙道が設けられ、焼成室に隣接して低い位置に燃焼室が作られる。こうした窯構造は臨汝厳和店や陝西省銅川耀州窯のそれと基本的に同じである。

　築造の方法に見られる鈞窯の窯の特徴は、本体部分のほとんどを地面を掘り下げて作り、天井部はアーチ形にするもので、焚き口や排煙口など一部に少量の塼（煉瓦）が使用される以外築造資材はすべて土である。こうした築窯は資材調達の心配が要らず作業も簡単で、これが鈞

台窯の特徴でもある。残存状態のよい2基の窯があり、層位や出土瓷片などからともに北宋晩期のものと考えられる。しかし、両窯の目指す所によるのかその構造には異なった部分があり、各窯ごとに紹介することにしたい。

〔1号窯〕　長方形の焼成室に2つの半円形の燃焼室が設けられた独特な形の窯で類例は少ない。焚き口は北向きで真北から東に5度振れている。焼成室は東西を長辺とする長方形で北側に乳房形の燃焼室が2室作られてい

南から見た1号窯跡

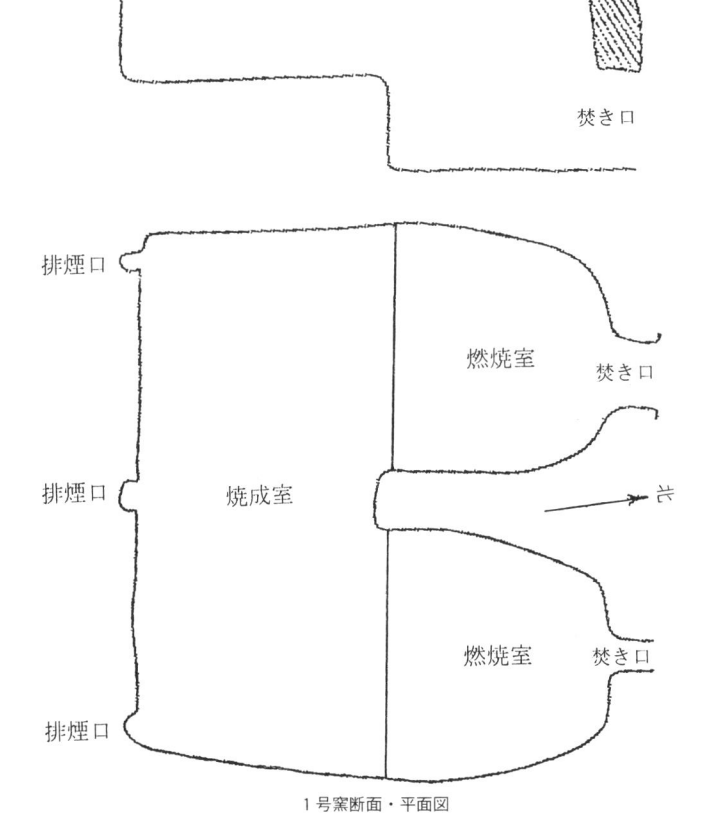

西から見た1号窯跡

1号窯断面・平面図

第3章◆鈞瓷の黄金時代　*45*

る。全体は地面を掘り下げて築造され、焚き口と方形煙道の枠に少量の耐火塼が積まれている以外すべて土壁となり、焚き口、色見孔、燃焼室、焼成室、排煙口（煙道）などから構成され、焚き口の前には1本の通路が発見されている。

　焚（た）き口　窯の北側部分に平行する2室のうち東側の燃焼室には色見孔のみで焚き口らしきものは認められない。西側にある焚き口は長方形で高さ72センチ、幅は53センチで上辺枠部に長方形の小塼2個を置くほかは土壁であった。入口の高さは人が自由に出入りすることは困難で、もっぱら燃焼室に薪（まき）を投じるのに利用されたものと考えられる。

　火孔（ひこう）　東側燃焼室の先端部近く、地面から24センチの高さに開けられ、径22センチの円形である。その位置形状から考えて燃焼力を維持増大するために薪を投げ込むのに使用されると同時に、窯内の火まわりの観察がこの孔を通して行われたと考えられる。

　燃焼室　焼成室の北側にあり、焚き口側が低く焼成室に向かって高くなっている。平面乳房形の2室は焼成室に71センチの段差で接している。大きさは東側が長さ1.44メートル、幅1.70メートル、西側は長さ1.40メートル、幅1.68メートルで、底部には灰や燃えさしの炭がらが残留していた。天井部や側壁には高温度焼成の長期稼動を物語るガラス状の熔着物が認められた。

　焼成室　平面長方形、床面は搗（つ）き固めたのか平坦で、長年の焼成のためにガラス質の光沢を見せている。天井部はすでに損壊、窯壁最高部で1.86メートルの高さを保っていた。窯壁はほとんど垂直で表面もきれいに仕上げられている。窯室の広さは底面で長さ3.61メートル、幅1.56メートルであった。焼成室の外東側に踏み固められた路面が発見され、窯詰めや窯出しなどの出入口に連結していたものと推測されているが、上部の損壊のため該

当する施設は確認できなかった。

排煙口　焼成室の後壁両側と中央の3ケ所に開けられている。平面Ω形の弧状に作られる。排煙口から吸引された煙は煙道を上昇しながら1本に集められ窯頂の煙突から排出される。各部位の大きさは次の通りである。

排煙口位置	底部幅	底部奥行	上部幅	上部奥行	残存高
東（cm）	16	7	16	32	186
中（cm）	17	13	17	40	132
西（cm）	8	15	14	38	140

　このほかに焼成室の前部西側の燃焼室の頂部に方形の排煙口が開けられている。長方形の塼積みで縁取られた開口部は正方形で各辺40センチの大きさであった。この燃焼室の上部に開けられた排煙口は大きな通気効果をもたらしたに違いなく、焼成の初期の段階において充分な酸化炎焼成が可能となった。

通路　焚き口の前から東西に延びている。路面は硬く平らに踏み固められ、往時の陶工たちの活動が偲ばれる。

〔**7号窯**〕　1号窯の西南10メートルほど離れた場所にあり、同一の地層に築かれていた。しかし焼成技術には異同があったと考えられ、それは両者の構造上の差違に現れている。7号窯も保存状態は良く、1号窯とは地下築造や窯の設置方向の点で共通するものの、平面プランが楕円形である点に大きな違いがある。焚き口に小塼が使用される以外、素掘りの土壁がそのまま窯壁として利用される。内壁は焼結して青藍色を呈し、外部に向かうにしたがって赤色あるいはピンクと色が変化している。焚き口、燃焼室、焼成室、排煙口、出入口などから構成されている。

焚き口　窯の北端にあり、地面を掘り窪めて作られたままの不整形である。高さは1.12メートル、幅は1メートル、上辺はほぼ弧形をなし、床面は12個の小塼で舗装

第3章◆鈞窯の黄金時代

されている。1.12メートルの高さでは窯詰め窯出しの作業が不自由で、通風と燃料の供給に使用されたものと考えられる。

燃焼室 焚き口と焼成室の間にあり、両者の間口(まぐち)をつなぐように平面扇形となっている。前部は焚き口の敷居(しきい)から後部は焼成室の手前から深く掘り込まれて灰を落とす火床が作られ、前部で0.64メートル、後部で0.80メートルの深さが計測された。天井は焚き口の上辺からアーチ状に伸びて焼成室の天井へと連なり、外観は孤形の窯となっている。燃焼室の大きさは南北長1.60メートル、東西幅が0.68～2.18メートル、通高2.20メートル、火床は焚き口との比高0.64メートル、焼成室との接辺での段差は0.80メートル。内壁全面は青藍色を呈し亀裂痕が認められた。

焼成室 燃焼室の奥にあり、床面に傾斜はなく平坦で、両側はわずかに胴張りを見せ、天井は孤状となっている。大きさは通高1.20～1.40メートル、南北の長さ2.74メートル、東西の幅が2.20～2.50メートル、全体の容積は約7立方メートル前後である。床面には黄色の細かな砂が敷かれ平らにならされている。火床との比高は0.76～0.80メートルで火床の温度上昇が速やかにされると同時に、熱気が焼成室内に満遍なく行きわたるように設計されている。

排煙口 全部で5ケ所設けられ、焼成室の後壁に並んで開けられるが、中央の排煙口のみは床面より高い位置にあり、煙道は真っすぐ窯頂まで通じている。両側4本の煙道はそれぞれ左右対称に孤を描いて内湾し、中央の煙道の上部に通じている。各排煙口の大きさは高さが0.22～0.34メートル、奥行きが0.13～0.20メートル、幅が0.18～0.34メートルであった。こうした排煙構造の長所は火力の抽引力にすぐれ、また空気の逆流が少ないことにあり、鈞瓷の銅紅釉が熔融し始めさらなる還元焼成が

必要とされる段階では焼成雰囲気の制御をより容易にしたことと思われる。

　出入口　窯頂の西南側に楕円形に開けられ、直径0.44〜0.53メートルほどの大きさである。この開口部が工房と道路で結ばれている状況から、窯詰め窯出しなどに利用された出入口と推測されている。すなわち窯詰めの際にはその部分を開け、詰め終えたら土で密閉して焼成したものであろう。

　以上よく保存された2基の窯について紹介してきたが、両窯は外観や構造に違いはあるものの、素掘りによる半地下式の築造や煙道を後方に設置するなど基本的な特徴は同一で、華北で一般に見られる自然通風による半倒炎式〔上昇した炎が直下する倒炎式とは異なり波状に流れるタイプの窯〕で保温性能にすぐれた窯のグループに分類される。こうした築造方法による窯の長所は蓄熱能力の大きいことで、焼成温度は1300度前後にまで達し、熱の放散も緩慢である。例えば急に焚き口を開放したとしても急冷却による亀裂破損などの事故が発生することはなく、かえって高温が徐々に冷却されることによって釉面は光沢を見せ、細かい貫入が発生するようになる。とりわけ注目されるのは2つの燃焼室をもった窯（1号窯）の発見で、中国陶瓷史の中でも極めて特殊な遺例となっている。宋代の鈞瓷官窯にのみ採用されたこの窯の構造は、還元雰囲気の醸成に有利に働いたに違いなく、釉の呈色や'窯変'効果の理想的な達成も、高温段階における還元炎の昇温という技術的に困難な問題の解決なくしては不可能なことであった。伝世の宋代鈞瓷の官窯作品の多くもこうした環境から生み出されたのである。

工房、窯道具、焼造技法

　鈞台窯の鈞瓷焼成区では前2窯（1号、7号）のほかにほとんど損壊した1基の窯（8号）も調査されている

が、3基の窯はその間に工房を挟んで三角形に配置されている。7号窯と8号窯は東西に並置され、1本の通路でつながれている。通路の両側には不規則に穴が掘られ、穴と穴との間には土柱や墻壁（しょうへき）が残存するなど対称的な小区画の遺構が認められる。出入口の敷居跡も確認されているが門扉をともなう例は発見されていない。残墻の高さは1メートルほどで上部は損壊して失われている。現状の配置から仕切られた各小単位を鈞瓷の製作工程に沿って並べれば、成形、修整、施釉などの作業場と推定することができる。各室は小さなもので3、4平方メートル、大きなもので8、9平方メートルの広さである。各工程の間は無駄なく密接に連繋され、かなり円滑で合理的な分業体制が整備されていた。

この工房跡の発掘時に出土した遺物は匣鉢、鋸歯状支焼具、銅製刀子、抿子（ミンズ）〔小刷毛〕などが主なものである。

匣鉢には桶状と漏斗状の2種がある。

桶状匣鉢 円筒形の匣鉢で平底が付けられ、口部には密閉する際に塗りつけた耐火土が紐状に付着している。口径30センチ、通高40センチ。この種の匣鉢は瓶、花盆といった大型の器皿の焼成に用いられた。

漏斗状匣鉢 開口部の大きい直線的な側壁をもった匣鉢で、底部は鍋底状になっている。底部に小孔を開ける例もある。この種の匣鉢の開発は重ね積みの焼成をいっそう促進させることとなった。一般に碗、盤の類の焼成に用いられた。

銅製刀子 断面三角形の刀子で、刃は薄く鋭利でわずかに弧を描き、長条形の柄の先端には楕円形の環首が作られる。おそらく使用時には柄部に細縄が巻かれたものと思われる。通長18センチ。

鹿角抿子 鹿の角を加工して作られ先端部にかけて湾曲し、後部には鋸（のこぎり）でひいたような痕が見える。通長11センチ。

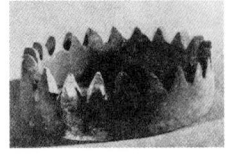

鋸歯状支焼具

桶状匣鉢

鹿角抿子

刀子、抿子はともに修整時に用いられた工具である。
　禹州地区の鈞窯の調査から、北宋時代の鈞窯では基本的にはすべて薪が燃料として用いられていることが確かめられた。神垕鎮の劉家閘窯跡の地表下2メートルの所から発見された数塊の木炭や上述の鈞台窯の炭がらの堆積などがその傍証である。金、元時期に入ると石炭を燃料として鈞瓷を焼成する窯が現れるようになる。鈞窯で石炭の使用以前に薪が燃料に用いられていたという事実は、海外の文献などで時に強調される中国古代の瓷業生産が'北煤南柴'〔北は石炭、南は薪〕とする誤った見方に訂正を迫るものといえる。窯構造が同じと仮定して薪と石炭を比較すれば、薪の優れた点は発熱量が低くクリーンな燃料であること、炎が長く焼灰は少なく、また着火点は低く、昇温が速やかでかつ火力が柔和であるなどの特徴が挙げられる。と同時に薪は硫黄分を含まず、良好な色沢の焼き上がりを阻害する恐れがない。その上還元雰囲気の醸成や維持の面でも薪燃料を用いた方が操作がしやすく、鈞瓷の焼成にはより適した燃料だといえる。
　鈞台窯における鈞瓷の焼造技法についてはその特徴として次の諸点を挙げておきたい。
　製作に際しては胎釉の精製、調整が入念に行われ、特に釉の調合に使用される水は慎重に吟味される必要があった。というのも釉料に含まれる金属酸化物や鉱物の組成比率が呈色と直接かかわるだけに、調合の用水はできる限り純水に近いことが理想とされた。官窯の釉の調合では穎河（えいが）の水が使用された。ある文献はその事情をこう伝えている。
「穎河の水は嵩岳（すうがく）の穎谷を源流として金、玉、瑪瑙が叢生する地を流れ経ぎる（す）ので、山川の精霊を含んで天地万象の質を溶かし（よ）込んでいる。因って此の水を用いて釉薬を調製するのが最も好いのである」。
　鈞台窯跡の廃品堆積からは碗、盤、碟（ちょう）、花盆、出戟（しゅつげき）

尊〔扉稜尊、器身に稜飾を付けた倣銅形式の瓶〕などの素焼半製品の破片が大量に発見され、これらの器皿が素焼き、本焼きと2度の焼成を経ることが明らかになった。すなわち素焼き（成形後施釉以前の段階で低目の温度で焼成し、胎の強度と器面の平滑度を増進させ良好な施釉環境を用意する）と施釉して高温度で焼成する本焼の2度の焼成工程を経て完成されるのである。施釉法は浸し掛けで高台部は刷毛塗りによったと思われる。

　成形はほとんどが伝統的な轆轤水挽きの方法によっているが、耳や把手のような貼付される部分の成形には型抜きや手捏ねの技法が適宜用いられている。口部の外周や腹部に回転による削り痕や突線をめぐらす例、また口縁下に鋲のような円点をめぐらす盤や洗があるが、製作はおおむね丁寧で、宋代鈞瓷の盆や奩に見られる代表的な施文のひとつになっている。

　窯詰めに際しては匣鉢、支焼具、墊餅を組み合わせる方法が採用された。一般に中、小型の円形器では渣餅〔墊餅〕が用いられ、内外総釉で高台に褐色釉の化粧塗りが施された官窯の精品では鋸歯状の支焼具で一器ずつ支えて焼かれた。

鈞台窯の年代とその性格

　禹州の鈞台遺跡が正式に発掘されるまでの長い間、北京と台北の故宮博物院に所蔵されている宋代官窯鈞瓷の名品についてその生産地を確定することは極めて困難だと考えられていた。もちろんすでに禹州では多くの鈞瓷窯跡が発見されてはいたが、釉色や器形などの点で共通あるいは近似する資料を捜し出すには至らず、その状態は1973～75年に実施された正式発掘の時まで続いた。鈞台窯跡の全面におよぶボーリング調査と重点発掘の結果、伝世官窯鈞瓷の窯場が確定され、陶瓷史上の難題のひとつは解決された。出土した資料は釉色、器形はもと

より底部に「一」から「十」いずれかの漢数字の刻記をもつ点など、故宮博物院所蔵の鈞瓷の特徴と完全に符合し両者の同一性が確認されたのである。

発掘で明らかにされた層位関係から鈞台窯の瓷器焼造は北宋早期までさかのぼることが確かめられた。製品の種類は多彩で、鈞瓷をはじめ汝瓷、青白瓷、天目瓷、白地黒花瓷、宋三彩に宋加彩、絞胎、攪釉とこの時期の陶瓷品種を総合した観がある。各種の技芸がここに集中し融合することで相互に影響しあい、鈞瓷の発展を大きく推進する力となった。以後社会全体が手工業生産の繁栄時期を迎え、人々の好みも多様化していくにしたがって、鈞台窯の瓷業も品種を限った専業的生産へと転じ、器種ごとに区域を分けて焼造するようになり、鈞瓷はその主流をなす品種となっていったのである。

鈞台窯の自然堆積の観察から鈞瓷焼造の歴史の概況をうかがうことができる。宋初では成形、釉色など技術はすぐれ品質も高いが生産量は少ない。中晩期の鈞台窯では依然として他の品種も焼造されるが、鈞瓷の焼造技術は成熟段階を迎え、禹州の鈞瓷生産を代表する窯場にまで発展をとげる。それが鈞台窯の長い努力の賜物であることは言うまでもないが、一方で北宋という、時の政権が示した好みとそれにともなう厳格な注文という要素を抜きにしてはこの時期の鈞台の鈞瓷を語ることはできない。

もっぱら宮廷の使用に供される鈞瓷では碗、盤などの日常生活用器皿は少なく、宮廷の注文に応じた各種の花盆〔植木鉢〕、盆奩〔花盆托・水盤〕また尊、瓶、洗といった鑑賞用の器皿が大半を占めていた。宋代の出来事をまとめた文献によれば、徽宗は崇寧「四年（1105）十一月、朱勔に蘇杭応奉局〔奇花異石の捜集と京師への運搬を掌る官署〕を任せ、花石綱を京師へと次々に送らせて……多くの嘉花名木を収集した」。しかも捜し求めるものは「二浙〔浙江省と江蘇省の一部〕の奇竹・異花・海錯

〔海産物〕、福建の荔枝・橄欖・龍眼、南海〔広東〕の椰子の実、登莱の文石〔山東半島、登州莱州産の文理の美しい石〕、湖湘の文竹〔湖州（浙江省）、湘州（湖南省）産の斑竹〕、四川の佳果木……」と広範囲におよび、全国各地から意のままに集められた奇花怪石は「海を越え江を渡って」はるか汴京の都まで運ばれた。鈞台で大量に焼成された花盆は全国から集めた奇花異木の栽培、中華の縮図の庭園を宮廷内に再現するという意志に沿ったものであった。清、佚名の『南窯筆記』に「北宋均（鈞）州の造る所は盆、奩、水底、花盆の器皿が多く…」と言われる状況の通りである。

　この時期の鈞瓷では胎土は精細均質で堅く焼結し、丁寧に形作られた器面は温潤明快な釉に覆われ、窯変の表情はまことに美妙である。鈞台の窯跡で発掘された大量の瓷片を見ると、窯変による釉色の変化は故宮博物院の伝世品に比べても豊富であることに驚かされる。その色調は数えあげても10余種におよび、天青、天藍、月白、米黄などの地釉に加え、茄皮紫、海棠紅、丁香紫〔丁子の紫花の色〕、朱砂紅、驢肝、馬肺といった多彩な窯変が現れている。形も花盆と盆奩に代表されるように方形、長方形、六角形、海棠形、葵花形、仰鐘式〔鐘を逆さにした形〕、敞口盂式〔口の大きな鉢形〕とさまざまな形にアレンジされ、花盆と盆奩の組み合わせは同形で一体とされた。

　鈞台窯跡からは大量の花盆や盆奩の破片が発見されているが、器底の所定の個所にはほとんど「一」から「十」までいずれかの漢数字の刻記が確認された。その数字の意味は伝世品と対照しながら考察され、器皿の大きさと関連するものであることが判明した。すなわち同形器では「一」が最大で「十」が最小となる。これによって花盆と盆奩を同番号で組み合わせ、また一室の装飾の際にも瓶は何号、花盆は何号あるいは机上の飾りはすべて何

鈞台窯出土花盆・盆奩瓷片

号でという具合に什器調度の陳列配合が行われた。それは同時に注文の時点から指定され、一貫した製品管理を可能にするとともに官窯にふさわしい器制が整えられることともなった。古くから鈞瓷の数字刻記については注目され、さまざまな説が試みられてきたが、この論争にも終止符を打つことができたわけである。

　鈞台窯の遺跡からは瓷土で作られた「宣和元宝」の陶范（とう／はん）（9頁参照）1件が発見され、その上にはたまたま少量の釉がかかっていた。それらの化学分析を行ったところ、その組成は鈞瓷の胎釉と完全に一致するものであった。これは北宋末この場所に官営窯場が設営されていたことを意味するものであり、極めて重要な資料といえる。同時にその資料から鈞瓷が隆盛を迎えた時期、すなわち鈞瓷の黄金時代は徽宗の時代であったことが明らかにされた。

第3章◆鈞瓷の黄金時代　55

第4章 鈞瓷の特徴とその鑑別

独創性に富む窯変

　中国の瓷器はその誕生から一貫して鉄が主たる呈色成分であり、釉の色調は胎釉に含まれる鉄分の多寡によって決定された。古代の瓷器製作の技術では、釉の着色を防ごうにも鉄分を有効に低減排除することは容易ではなく、その結果、ほとんどが青緑系の釉色であるが、河南省安陽の北斉・武平6年（575）范粋墓からの出土品によって、胎釉の鉄分の影響を制限した白瓷がようやくこの頃から焼造され始められたことがわかる。それは中国陶瓷の歴史の必然的な発展過程を示すものではあるが、古代の陶工たちの気の遠くなるような長い期間におよぶ実践と経験の蓄積があってこそ可能となった飛躍であった。白瓷焼成の成功は青瓷の天下の一角を突き崩し、以後両者は肩を並べながら更なる発展へと進む。しかしこの段階では青白2色にはなったものの単色釉の世界であることには変わりなく、そうした状況は唐代に花釉瓷器が出現するまで続く。黒釉などの地釉に彩斑を散らした装飾性豊かな施文技法の創案は、伝統的な単色釉の堅陣に風穴を開け、中国瓷器は多彩色の世界へと大きく歩を進めることになるのである。

范粋墓出土白瓷壺と碗

　唐代の花釉瓷器の彩斑も施文手順自体はごく簡単なものではあるが、その視覚的な効果は思いもよらぬほど大きなものであった。第2章で述べたように花釉瓷器の施文技法も一定の法則性を見せながら徐々に発展してゆく。それは単純から複雑へと概括されるが、初期の彩斑文は予期された色形であり、配置も規則性が感じられる

のに対し、後期では彩斑は互いに地釉と熔け合って窯変斑文として広がり、形・色ともに千変万化で作為のない清新な印象が生まれたのである。同時にこうした彩斑装飾は宋代の鈞瓷焼造に大きな影響を与え、両者の間に継承関係が認められることから'唐鈞'とも呼ばれるようになったのは先述のとおりである。

　宋代の鈞瓷は唐鈞が切り拓いた装飾技術の影響下に、不断の実践と大胆な発想の積み重ねの中から、偶然に発した変調を見逃さず'銅'がもたらす大きな力に着目することに始まる。やがて鈞窯の釉料との配合で安定した発色を得られるに至り、かの有名な銅紅釉瓷器、神奇美妙と言われる銅紅釉窯変にまで発展してゆくのである。それは鈞瓷の技芸が到達した最高の姿であり、極まりない窯変の美を遺憾なく発揮するものであった。

　宋代鈞窯の釉の主な特徴は次の点である。釉層が厚く複雑な貫入は層を違えて深くまで達し、失透性の釉質は艶やかな光沢があり、釉面には明快な流動感がある。釉色は赤と藍が基調となるが、互いに熔け合って時には流雲、時には晩霞のようで、ひとつとして同じものはなく神変無限の世界は見る者の心を捉えてやまない。古人はこうした神奇な現象を指して'窯変'と呼んだのである。

　宋代鈞窯の窯変は複雑な過程を経て形成される。当初、釉色は天青が好まれ、やや濃く藍味がかっていれば天藍とも呼ばれた。のちに釉料中に銅分が人為的に加えられ、それが高温度の酸化や還元焼成を経て基礎釉である青釉と熔融し、青は赤を帯び赤は紫色を泛べて赤、藍、紫をまじえ、火焔や彩霞を思わせる窯変の世界が生じる。このような青と紫に重点を置いた配色は官窯の格調を示す代表的な色釉意匠で、具体的な例として青藍釉を内面に、紅紫釉を外面に掛け分けた器皿があるが、また内外面に青藍釉を施す例も少数ながら知られている。そのうえ鈞台窯の青藍釉はもはや早期の劉荘窯に代表される単

調均質な民窯の天青釉とは異なり、ほとんどが濃藍色の釉面には月白色を帯びた大理石のような流文が浮かび、またあるものは赤、紫の曲線からなる'蚯蚓走泥文'〔蚯蚓(みみず)の這い跡に似た筋状の痕跡〕が走り、また紅紫色を背景に藍白色が流れ浮かぶなど青藍釉はさまざまに変化する。清末の寂園叟(じゃくえんそう)の『匋雅』の言を借りれば、「内は青に外は紫に」であり、また「宋鈞の紫は全体に浸み通り、一団に暈(ぼか)し合ってあらわれる」と言うことになる。

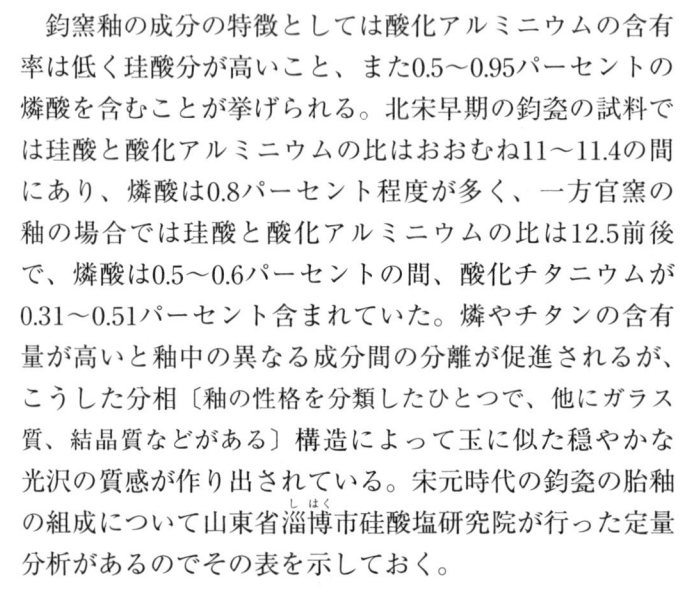

鈞窯釉の成分の特徴としては酸化アルミニウムの含有率は低く珪酸分が高いこと、また0.5〜0.95パーセントの燐酸を含むことが挙げられる。北宋早期の鈞瓷の試料では珪酸と酸化アルミニウムの比はおおむね11〜11.4の間にあり、燐酸は0.8パーセント程度が多く、一方官窯の釉の場合では珪酸と酸化アルミニウムの比は12.5前後で、燐酸は0.5〜0.6パーセントの間、酸化チタニウムが0.31〜0.51パーセント含まれていた。燐やチタンの含有量が高いと釉中の異なる成分間の分離が促進されるが、こうした分相〔釉の性格を分類したひとつで、他にガラス質、結晶質などがある〕構造によって玉に似た穏やかな光沢の質感が作り出されている。宋元時代の鈞瓷の胎釉の組成について山東省淄博(しはく)市硅酸塩研究院が行った定量分析があるのでその表を示しておく。

宋鈞釉の赤い色が還元炎で焼かれた銅の発色であることはよく知られている。化学分析の結果、宋代鈞瓷の紅釉中には0.1〜0.3パーセントの酸化銅と一定量の酸化錫が含まれ、一方天藍釉、天青釉、月白釉の銅含有率は0.01〜0.02パーセントと極めて低く、一般の透明釉と同じ程度であった。宋鈞窯の紫色斑は青藍の地釉の上に銅を含んだ釉をのせたもので、銅鉄それぞれ呈色の異なる特性が焼成温度の高低や焼成雰囲気の変化によって複雑に熔け合いながら、さまざまな紫色の諸調が作り出されている。多彩な釉色は数えきれないほどだが、幾種類か

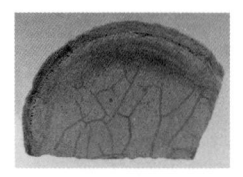

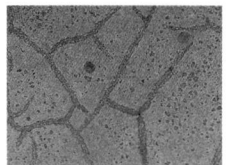

蚯蚓走泥文

にまとめると、紅裏透紫〔赤色のうちに紫が透ける〕、紫裏有藍、紫裏泛青〔藍のうちに青が浮かぶ〕、青中透紅、青藍錯雑、紅紫掩映〔紅紫でおおわれる〕などと表現できよう。あたかも濃い藍色の空にかかる彩霞のように各色は滲み熔け合いながら照り輝いている。「窯に入るるは一色なれど、窯を出ずれば万彩たり」「鈞瓷に対(てき)無し、窯変に双び無し」「千鈞万変、意境窮まり無し」鈞瓷への古人の感慨がいくつかの語に残されている。

発色の変化は口部や底部にも現れる。焼成の各段階で窯内の雰囲気は酸化、還元、酸化と変化するが、高温下のそうした変化は釉中の鉄分に影響を与え、口縁のような釉の薄い部分や底の露胎部は茶褐色や鉄銹色を見せるようになり、そうした特徴は鑑賞用語で'紫口鉄足'と呼ばれている。また釉に覆われて灰黒色の鉄の還元色となる部分では胎土の断面は'羊肝色〔赤褐色〕'や'香灰胎〔きめの細かい明るいオリーブ色〕'となる。

鈞瓷の釉面に現れる特徴の一つとして古くから鑑賞の分野で言われるものに'蚯蚓走泥文'がある。これは低

宋、元鈞瓷胎釉の化学分析

化学組成 (%)		珪酸 (SiO₂)	酸化アルミニウム (Al₂O₃)	酸化チタニウム (TiO₂)	酸化第二鉄 (Fe₂O₃)	燐酸 (P₂O₅)	酸化カルシウム (CaO)	酸化マグネシウム (MgO)	酸化カリウム (K₂O)	酸化ナトリウム (Na₂O)
早宋鈞胎	最高	67.14	28.90	1.30	3.27		1.53	0.49	2.10	0.75
	最低	63.67	25.40	1.16	2.23		0.59	0.03	1.25	0.38
官鈞胎	最高	67.14	27.30	1.37	3.35		0.94	0.70	2.85	0.58
	最低	63.99	25.30	1.10	2.80		0.63	0.53	2.00	0.22
元鈞胎	最高	66.99	30.59	1.66	3.68		2.73	0.70	2.91	0.50
	最低	61.28	24.80	1.14	1.44		0.62	0.04	1.45	0.25
早宋鈞釉	最高	71.56	10.80	0.31	2.30	0.95	10.66	2.15	3.86	1.60
	最低	69.74	10.30	0.19	1.44	0.64	9.45	0.80	3.02	1.16
官鈞釉	最高	71.86	9.90	0.51	2.70	0.68	11.20	1.15	4.86	0.27
	最低	69.78	9.50	0.31	1.95	0.46	9.04	0.75	3.64	0.48
元鈞釉	最高	74.35	10.45	0.53	2.44	0.92	12.09	1.40	5.50	2.30
	最低	69.29	9.40	0.17	1.36	0.53	6.77	0.50	2.35	0.51

温段階で釉面に生じた収縮や断裂が昇温にともなって熔けた釉で埋められたもので、本来は技術上の欠陥である。しかしそこに飾り気のない姿を認めてむしろ自然な趣が評価されるようになった。宋代の鈞瓷について「蚯蚓走泥文の有るものは尤(もっと)も好ましい」と言われる由縁である。この現象は民窯の鈞瓷には見られず、北宋鈞台の官窯鈞瓷のみに発生することから、典型的な宋代鈞瓷の特徴の一つとされてきた。しかし、われわれの経験からすれば'蚯蚓走泥文'だけで宋代鈞瓷の真偽を判別することは不可能であった。過去少なくとも民国以前の長い期間'蚯蚓走泥文'の形成を解明する科学知識が未発達な状況下では、たとえ倣造を試みても当然この流文が現れるはずもなく、いつしか宋代鈞瓷の真偽を識別する重要な手がかりとされるようになったのである。現在では科学技術とりわけ分析計測方法の発達によって各種の現象もその発生の原理(メカニズム)から正確に認識されるようになり、特にこの数年の鈞瓷倣造ではいとも簡単に、'蚯蚓走泥文'を作り出している。過去の規準をそのまま現代に適用しようとしても、すでに環境は大きく変化し、ややもすると独善的で時代錯誤の愚を犯す結果となる。

　鈞窯瓷器は伝統的な青瓷系統の単色釉の状況を脱却して陶瓷装飾の分野に新生面を開いた点で特筆される。それは銅の還元色に着目し、制御の難しさを克服しながら理想的な発色が安定して得られるまで試行を続け、製釉から焼成に至るあらゆる技術を掌握することによって達成された。紅紫を基調に多彩な窯変釉色が器面を覆うという、それまでにはなかった瓷器品種で、各色は交錯重複しながら青瓷系の地釉を五彩に飾って独自の個性を際立たせた。鈞瓷の銅紅釉がひときわ高く評価されるのは、呈色剤としての銅の不安定さがもたらす焼成の難しさにもよっている。すなわち釉料に混和させる呈色剤の分量、釉料の成分組成、焼成の温度、雰囲気とすべての工程が

発色を左右する要素となり、窯の形、窯内の位置、時の気象までが直接影響をおよぼすため、陶工は臨機応変の対応を強いられることになる。的確で迅速な判断は経験と熟練の技にあり、原料や燃料の配合調節の妙をつくしてなお時宜に適えば目指す発色が得られたのである。勘所を少しでもはずし充分な制御ができなければ「十を窯(かまたき)すれども九は成らず」という結果に終わった。

古格のある典雅な造形

鈞窯瓷器はひとつのまとまった瓷窯系を形成してはいるが、造形という観点から見ると、そこに民窯と官窯という性格を異にするものが混在していることに気づく。それらを民窯類型、官窯類型に大別し、主要な器形を紹介しながらその造形的な特徴について述べてみたい。

民窯の造形　民窯類型の鈞瓷は禹州の神垕(しんこう)を中心とした製品を指し、劉荘窯に代表されるように主に日常の生活用器皿によって構成されるのが特徴である。釉色は天青で釉肌は艶やかで潤いがあり、主な器形に盆、瓶、香炉、洗、盤、碗、罐、盒などがあり、それぞれの器形はさらにいくつかの形式に分けられる。

1．碗　8つの形式に分かれる。

A式　側壁から口縁までほぼ垂直に立ち上がる直口の深目の碗で、裾部は丸味を見せながら平らな底部へと収束する。輪高台はわずかに外に開き、外面全体に施釉される。口径11センチ、高5.8センチ、高台径5.5センチ。

B式　口縁を内に抱え込む歛口の深目の碗で、裾部は弧を描きながら底部の輪高台へ向い、内底中心部は窪められている。内外全面に施釉される。口径11センチ、高5.3センチ、高台径5センチ。

C式　口縁をやや端反(はぞ)りにした碗で、外壁は内に向かって挽き上げられ、口縁で反転されるので緩いS字状の曲線が描かれる。裾部は丸味をもたせて平らな底部へと

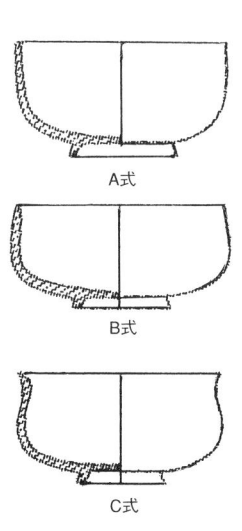

続いている。輪高台はわずかに外に広がり、外面総釉で内底は無釉。口径10.5センチ、高4.5センチ、高台径5.7センチ。

　以上の3種の碗は神垕では「羅漢碗」〔現在生産される碗形の呼称に用いられ、直口大腹を特徴とする。膨らんだ腹部が羅漢を連想させることに由来する〕と総称されている。

　D式　口部を大きく開いた敞口（しょうこう）の碗。側壁は斜線を描いて開き、口縁内側に内剝り（うちぐり）をめぐらせている。口部から下部に向かって器壁は薄く削られ、底部には小さ目の輪高台が作られる。外面は高台に至るまで施釉され内面は総釉。口径10センチ、高4.7センチ、高台径4.8センチ。

　E式　口縁を丸くやや抱え込む形に作る大きく開いた碗で、強く絞られた底部には小さ目の輪高台が作られる。内外とも総釉で、高台には褐釉の化粧塗りが薄く施される。口径21.4センチ、高9.7センチ、高台径6.1センチ。現地では「鶏心碗」（けいしん）と俗称されている。この器形の碗では大きさの異なる4種の例が発見され、最小の碗は口径がわずかに8センチ、高4.5センチ、高台径3.5センチで「口湯碗」とも呼ばれている。

　F式　全体を8弁の蓮花形に作る大きく開いた形の深目の碗で、強く絞られた底部には低い輪高台が作られる。内底は器壁の曲線に沿って弧状に窪められている。全体に薄作りで総釉である。口径22.7センチ、高11.9センチ、高台径7.1センチ。

　G式　直口の深目の碗で、裾は丸味のある輪郭を見せながら平らな底部へと続き、低い輪高台はやや外に開いている。高台に至るまで内外とも全面に施釉される。口径19センチ、高8.3センチ、高台径7.6センチ。「大碗」の名で呼ばれている。

　H式　31弁の菊花形に作る直口の深目の碗で、強く絞られた平らな底部には低い輪高台が作られる。全体に薄

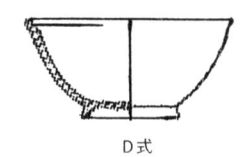

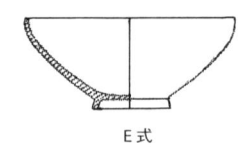

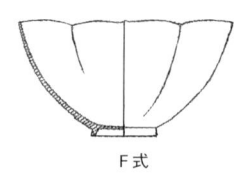

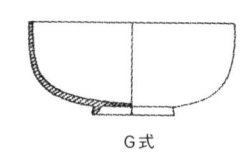

D式

E式

F式

G式

作りで内面総釉、外面の施釉は高台までで、高台には褐釉の化粧塗りが薄く施されている。口径23.5センチ、高12.4センチ、高台径8センチ。

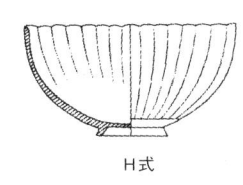

２．**門碟**〔禹州地方の呼称〕　深浅の２種に大別されるがいずれも口縁を端反り気味に開いた形で、平底に小さ目の輪高台が作られる。こうした形は「羅漢碗」との組み合わせを前提に考えられたもので、大きさの違いもそれぞれ「羅漢碗」に対応し、両者揃ってひとつの蓋碗として使用された。内面は総釉、外面は高台まで施釉され、高台には褐釉の化粧塗りが薄く施されている。

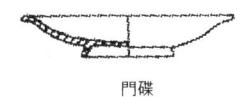

３．**盤**　３つの形式に分かれる。

　A式　やや厚手の口縁を平らに折って鐔縁とした浅い盤で、口縁の先端は丸く整えられている。輪高台はわずかに外に開き内外総釉である。口径18センチ、高3.9センチ、高台径6.5センチ。「折辺盤」と俗称されている。

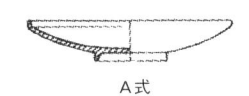

　B式　直立した口縁を上端で抱え気味にした浅目の盤で、低い輪高台が作られる。薄作りで天青の釉が掛けられ、内面には紫紅色の彩斑が雲形に表されている。口径17センチ、高３センチ、高台径７センチ。

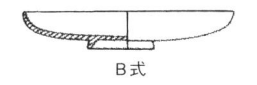

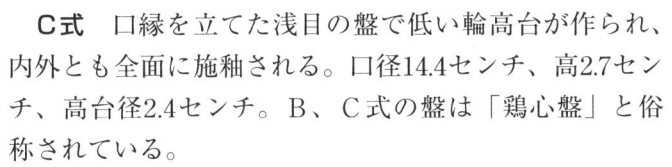

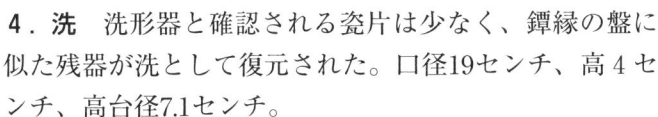

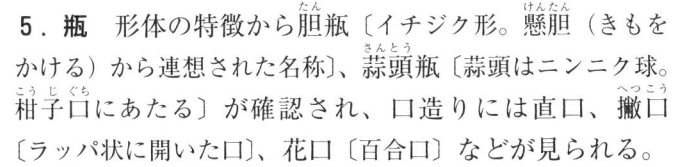

　C式　口縁を立てた浅目の盤で低い輪高台が作られ、内外とも全面に施釉される。口径14.4センチ、高2.7センチ、高台径2.4センチ。B、C式の盤は「鶏心盤」と俗称されている。

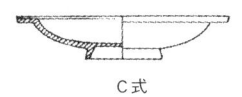

４．**洗**　洗形器と確認される瓷片は少なく、鐔縁の盤に似た残器が洗として復元された。口径19センチ、高４センチ、高台径7.1センチ。

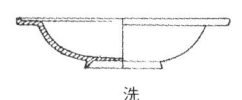

５．**瓶**　形体の特徴から胆瓶〔イチジク形。懸胆(きもをかける)から連想された名称〕、蒜頭瓶〔蒜頭はニンニク球。柑子口にあたる〕が確認され、口造りには直口、撇口〔ラッパ状に開いた口〕、花口〔百合口〕などが見られる。

６．**香炉**　４種の形式が認められたが復元できたものは次の２種である。

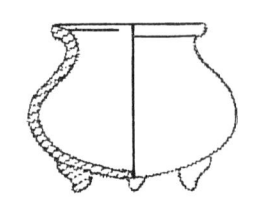

A式 開いた口部の端に低い縁(へり)を作る小型の香炉で、やや長目の頸部から扁平球状の胴部へとなだらかに続き、底部は3つの獣足がつく。高4.8センチ、口径5.4センチ。

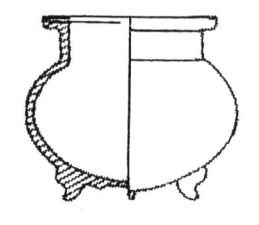

B式 鐔縁の端に厚手の縁を作る扁球形丸底の香炉で、獣形の三足が付けられる。高9.1センチ、口径8.6センチ。

その他の2形式は無釉の断片の状態で発見され、復元が不可能であった。ただしその中の頸部から胴部にかけての一片は断面1.2センチの厚みがあり、扁球状の胴部は底部に向かって器体が薄く削られ螭形の耳飾と頸部に菊花形の鐶飾をもつ、復元口径が18センチと推定される大型の香炉であった。大きくはないが人物を貼付した一片も類例の少ない資料で注目された。型抜きによる人物の衣紋の襞(ひだ)も流暢で均整(プロポーション)がよくとれている。髪を幞巾(ぼくきん)で包み、身には軟甲、腰に玉帯を佩び、外衣に長衫(ちょうさん)をまとう出立ちで両手を膝に置いて炉側に端座し、背を炉口に寄せる様は武人であろう。

この意外な発見によって鈞瓷には人物塑像の装飾はないという従来の見解が見直されることとなった。こうした装飾方法は類例こそ少ないものの、鑑別の際には重要な着眼点となることがある。

7. 罐〔壺〕 鶏腿罐〔長壺〕と双系罐〔双耳壺〕の2種が確認されたものの、鶏腿罐は破損が多く復元には至らなかった。双系罐は復元の結果、次の2形式となった。

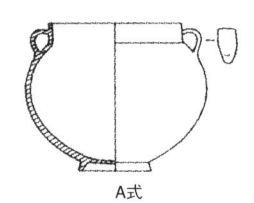

A式 直口でなだらかな肩部は弧を描いて裾部ですぼまり、低い輪高台がつく。薄作りで肩から頸部にかけて扁平楕円形の双耳が付けられ、内外全面に天青釉が掛けられている。高11.7センチ、口径10.7センチ、胴周47.2センチ。

B式 口部を折り返して玉縁状に作る丸々とした胴部の壺で、平らな底部を承ける輪高台はわずかに外に開いている。肩部左右に扁平な双耳が環状に付けられる。釉

64

は天青色に発色し外面の施釉は高台にまで達し、内面底部は露胎となっている。高22センチ、口径18センチ、胴周70.6センチ。A式盤を裏返せばこの壺の蓋として一致するところから、A式盤とB式罐を一組で使用することもできる。

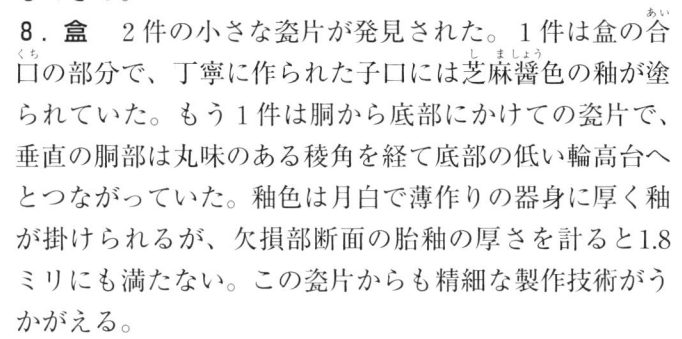

8．盒　2件の小さな瓷片が発見された。1件は盒の合口(あいくち)の部分で、丁寧に作られた子口には芝麻醬色(しましょう)の釉が塗られていた。もう1件は胴から底部にかけての瓷片で、垂直の胴部は丸味のある稜角を経て底部の低い輪高台へとつながっていた。釉色は月白で薄作りの器身に厚く釉が掛けられるが、欠損部断面の胎釉の厚さを計ると1.8ミリにも満たない。この瓷片からも精細な製作技術がうかがえる。

　以上の資料から劉荘窯に代表される民窯にあっても、轆轤水挽き成形の技術は相当の水準に達していたことがわかる。発見された資料の中にはF式蓮花碗の陶製模具〔内型〕もあった。測定によると吸水率が高く比較的低温の焼成であることがわかった。おそらく水挽き成形した碗をこの模具に被せ押圧することで花形の輪郭を写し取ったものと思われる。

官窯の造型　官窯類型の宋代鈞瓷とは、狭義には禹州城内の鈞台で焼成された釉色が全体的に紅紫色で、底部に漢数字、銘文、宮殿名などの刻字をもつ花盆、盆奩、尊、洗などを言う。広義では宮廷の使用に供されたものを官窯類型の器物とし、そこには民窯で焼成された精美な器物で貢品に選定されたものが含まれ、数こそ少ないものの枕、盤、碗、瓶、香炉、洗などの日用什器をみることができる。

出戟尊(しゅつげきそん)　古代青銅器の器制に倣った造形で、大きく開いた口縁は頸部を下るにしたがってすぼまり、張り出した肩はそのまま鼓形の胴部となり、裾をラッパ状に広げた丈高の台脚で承ける。頸、胴、脚それぞれの四方に戟

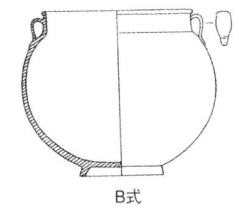

B式

に似た稜飾が付けられることからこの名がある。北京と台北の故宮博物院、上海博物館などに所蔵され（カラー図版41・42）、それぞれ月白色か丁香紫の釉色で飾られ、釉の薄くなる稜飾の角は土黄色を発してアクセントとなっている。台脚内部には芝麻醬色の釉が塗られ、漢数字の刻記がある。現存作品のうちで最大の例は北京故宮博物院に所蔵される尊（カラー図版42）で、底部の刻記は「三」で大きさは高32.6センチ、口径26センチ、底径21センチ、最小例の刻記は「八」で、高22センチ、口径16.6センチ、底径12.5センチである。

花盆 花木を鑑賞するための植木鉢で、伝世品、両故宮博物院をはじめ多くの博物館の蔵品、鈞台窯の発掘状況など現段階の資料から見ても、この種の器形が北宋宮廷用の瓷器の中で絶対的な多数を占めたことは間違いない。以下に諸種の器形について述べる。

A）葵花式花盆 口部の大きい深鉢形の盆で、器壁は底部に向かってなだらかにすぼまり、低い輪高台が作られている。底部には梅花のように5個の小孔が開けられている。口部を鐔縁として葵花〔黄蜀葵などアオイ科の花〕形に縁取り、各花弁に合わせて器身を等分し、全体を葵花の姿に仕立てている。器体は厚手に作られるが粗雑な印象はなくむしろ古樸典雅、端正優美な趣をみせる。この形の花盆は比較的遺例が多く、釉色も器全体を天青や天藍とする例に加え、内面を藍色、外面を玫瑰紫の窯変釉とする意匠もあり、釉面には'蚯蚓走泥文'の細かい筋文様が現れている。北京故宮博物院に所蔵されるこの釉色の花盆（カラー図版29）は底部に「建福宮」「竹石假山用」の刻銘があり、貴重な作例である。

B）蓮花式花盆 宮廷用の花盆の中に比較的多く見られる形のひとつ。大きく開かれた口部、鐔縁、深い鉢形と基本的な造形は葵花式と同様で、鐔縁の縁取りの形とそれにともなって器身を6等分か12等分にして蓮弁状と

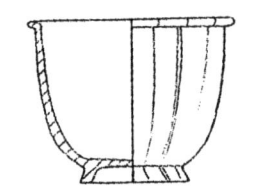

出戟尊

葵花式花盆

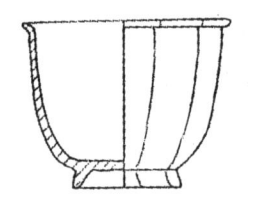

する点に違いがあり、その線条がこの種の盆の印象を優美なものにしている。底部には5個の円孔が梅花状に開けられ、漢数字が刻されている。

C）海棠式花盆　口部を開いた鐔縁の盆で、器腹は下に向かってすぼまり、平らな底部には雲形の4足が付いている。内面は天青色、外面は玫瑰紫の窯変釉に彩られるが、施釉は厚く釉肌も滋潤で、釉面には蚯蚓走泥文が現れている。盆底には5個の円孔が開けられ、外底には清代乾隆期（1735～95）に刻された「重華宮」「金昭玉翠用」の楷書銘がある。この形の盆はこの1例のみで、現在北京故宮博物院に所蔵されている。（カラー図版32）

D）仰鐘式花盆　この形の花盆は遺例が少なく、台北と北京の故宮博物院の所蔵品が知られるのみである（カラー図版37・38）。鐘を仰向けにした形を思わせることからこの名がある。底部に5個の円孔を開け、漢数字が刻されている。釉色は天藍の窯変による浅紫色や玫瑰紫で艶やかで潤いのある釉肌と美しい窯変が魅力である。すっきりとした単純な器形だけに釉色の諧調がいっそう強調され、典雅華麗な印象の花盆となっている。

E）渣斗式花盆　宴席で用いる食べ滓入れに形が似ることから渣斗の名がつくが、この場合はすべて底部に5個の円孔が梅花形に開けられ、漢数字の刻銘も見られることから花盆として作られたことは間違いない。この形式の盆は基本的な器制は同じであるが口部の形に直口と敞口があり、頸部も直口では短く、敞口では長めに作られて丸々とした胴部へ続き、底部は裾を広げた低い輪高台で承けている。釉色は月白や天青色はもちろんのこと鈞瓷官窯を特色づける'内青外紫'の釉彩の例も見られる。すなわち内面を天青あるいは天藍、外面を玫瑰紫、葡萄紫、丁香紫といった多彩な窯変釉に掛け分けたもので、精細を尽くした作品は鈞瓷の中にあって上乗の出来映えをみせている。（カラー図版35・36）

蓮花式花盆

海棠式花盆

仰鐘式花盆

渣斗式花盆

F）六角形花盆　直線的に口を開いた盆で、平らな底部には雲形の足が付けられている。底部の各隅と中央に計7個の小さな円孔が開けられている点が、他の花盆と異なる。

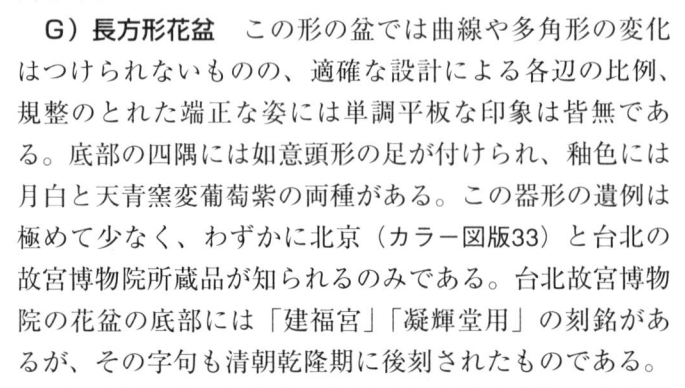

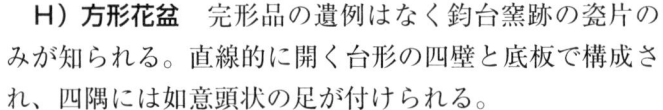

G）長方形花盆　この形の盆では曲線や多角形の変化はつけられないものの、適確な設計による各辺の比例、規整のとれた端正な姿には単調平板な印象は皆無である。底部の四隅には如意頭形の足が付けられ、釉色には月白と天青窯変葡萄紫の両種がある。この器形の遺例は極めて少なく、わずかに北京（カラー図版33）と台北の故宮博物院所蔵品が知られるのみである。台北故宮博物院の花盆の底部には「建福宮」「凝輝堂用」の刻銘があるが、その字句も清朝乾隆期に後刻されたものである。

H）方形花盆　完形品の遺例はなく鈞台窯跡の瓷片のみが知られる。直線的に開く台形の四壁と底板で構成され、四隅には如意頭状の足が付けられる。

盆奩〔花盆托、水盤〕　花盆と組み合せて用いられる。その用途は花盆を支える盆托で、浸み出る水分を受ける承盤として使われたが、一方で鑑賞上の効果も考慮され、花盆と組み合せるためその形式も花盆に相応しいものが用意された。底部に漢数字が刻されているが、これは花盆と照合するための符号である。

A）葵花式盆奩　基本的な造形は葵花式花盆と同じで、全体が6区からなる葵花形の意匠で表わされ、先を鐔縁とした開き気味の口部から緩やかに底部に向けて収束するが、器身ははるかに浅い。12個の小さな目跡がめぐる底部には如意状の3足が付けられる。台北故宮博物院の蔵品（カラー図版28）には底部に「瀛台」「虚舟用」の刻銘がある。

B）蓮花式盆奩　器全体を6区あるいは12区に割って蓮華状に仕上げた盆托で、開いた口部を鐔縁にまとめ、浅腹平底で如意状の3足が付けられている。釉色はおお

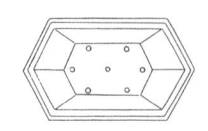

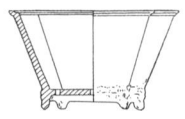

六角形花盆

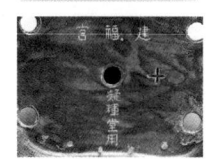

長方形花盆

葵花式盆奩

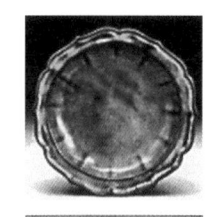

蓮花式盆奩

むね内面が天青、器表を濃淡の窯変紫色釉に掛け分けられている。

　C）**海棠式盆奩**　楕円形に近い形の盆托で、器は4弁の海棠花形に意匠化され、器腹は緩やかな弧を描いて底部へと絞られている。鐔縁の端に縁を作り、浅腹平底で如意頭形の4足を付ける。北京、台北両故宮博物院の所蔵品の底部にはともに乾隆時代の後刻銘文があり、北京の盆奩には「養心殿」「明窓用（めいそう）」、台北蔵品には「重華宮」「漱芳齋（そうほうさい）」とある。

　D）**六角形盆奩**　全体を六角形に作る盆托で、他の形のものと同じく鐔縁浅腹で平底に作られ、18個の小さな目跡がめぐる底部には短い6足が付けられている。この形式の盆奩の遺例はわずかに台北故宮博物院の2件（カラー図版26）が知られるのみで、その底部の刻銘は「養心殿」「明窓用」、漢数字は「七」である。

　E）**長方形盆奩**　平面長方形に作られた盆托で、底部には如意頭形の4足が付けられる。底辺足間に幔幕形の縁飾りをもつ点が眼を引くが、そうした配慮の中にも鈞瓷が目指した釉彩と器形の双方を美的に結合しようとする強い意識が感じられる。

　鼓釘洗（こていせん）　北宋宮廷御用の鈞瓷に最も多かったと思われる器種で、伝世品にも恵まれている。器身の上下に太鼓の鋲止めを思わせる円点をめぐらせ、2条の圏線で画している。鋲打ちの数は器の大小で異なるが、一般に15〜23個、底部には3つの獣足が付けられる。同形器中最大の例で底部に漢数字「一」の刻銘のある伝世品が上海博物館に所蔵されている（カラー図版21）。大きさは高9センチ、口径24.3センチ、内面は天藍色、外は玫瑰紫色に施釉されている。釉はムラなく熔けて艶やかで潤いがあり、伝世の鈞窯を代表する作品である。この種の鼓釘洗は筆洗として用いられるほかに仰鐘式や渣斗式の花盆の盆托として、刻銘の漢数字に応じた盆に添えられた。

海棠式盆奩

六角形盆奩

長方形盆奩

鼓釘洗

第4章◆鈞瓷の特徴とその鑑別

単柄洗 縁を丸く作り口部を大きく開いた浅鉢の形で、口部の一方に花頭形の縁を水平に張り出させ、直下に環耳を配する。単調な円形に装飾的な把手が添えられて瀟洒な姿となっている。底部には支釘の目跡が3個残されている。一般に施釉は天藍、粉青、月白など全体が単一の釉色で覆われ、伝世品にも窯変の例は見ない。釉の薄くなった縁(へり)の部分は黄褐色の輪郭となっている。鈞瓷では類例の少ない品種である。

単柄洗

枕 鈞瓷の枕の遺例は極めて少なく、十指に満たないほどであるが、長方形と如意雲形の2種に分けられる。

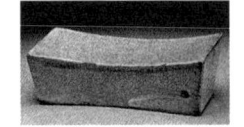

A）長方形枕 天青釉の例がある。大きさは高11.4～12センチ、上面15.7～17.8×36.3～37.3センチ、底面13.1～14×32.4～33.6センチ。

B）如意雲形枕 ひとつは台北故宮博物院に所蔵されている（カラー図版40）。如意雲形の枕面は手前が低く後部が高く作られ平底である。高さは13.4センチ、面径19.9×31センチ、底径19×27.9センチ。後壁左右にそれぞれ瓢形の気孔が開けられているが、瓷枕の焼成には必要な処置で内部の水分蒸発を早め、また膨張圧によって破損されないよう器内のガス抜きが図られた。釉色は紫色斑を散らした天藍窯変で、底部には次のような乾隆御題詩が刻されている。

長方形枕

如意雲形枕と底部乾隆御題詩

「汝州青窯を建つるに、柴周の式を珍(さいしゅう)んじ学ぶ。柴は已に得る可からざるも、汝は尚一二に逢(ま)ゆ。是の枕猶お北宋のごとく、其の形は如意に肖(に)たり。色は君子の徳を具へ、啐(つや)かさは面に背(あらわ)れたり。訾蠍(きっこん)は無からずと雖も、穆然として以て古貴とせん。今瓷は茲に如くるを設え、脚貨（次品）は棄つる所在り。古を貴びて今を賤しむ、人情率(おおむ)ね是(か)くの若(ごと)し。然るに斯く亦説有り、魯論〔魯国に伝わった論語〕は其の義を示す、大徳は閑を踰(の)えず小徳は出入して可なり〔『論語』子張〕。色の潤なるは瑪瑙油〔釉〕により、煙火の気を泯(つく)して

象らるる。旁の孔を透して霊に通じたれば、神は怡しみて平底に置かれたり。我自ら宵衣〔政事に励む〕の人たらんとするも、幾くは曽ち此れに安寐〔熟睡〕せん」〔当時は汝窯の作と考えられ、『乾隆御製詩』では「詠汝窯瓷枕」と題されている〕。

乾隆丙申中秋の御題で「比徳」「朗潤」の二印が添えられている。

もう1件は現在河南省開封市文物商店の蔵品。径20.3×25センチ、高さは前辺が9.1センチ、後辺が11.7センチ。天青の釉色で厚く掛けられた釉は良好な焼成で潤沢な肌を見せている。底部は無釉で前側面に楕円形の孔がひとつ開いている。現在のところ本例が大陸にある唯一の完形品である。

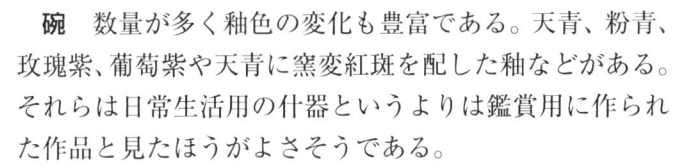

如意雲形枕

碗 数量が多く釉色の変化も豊富である。天青、粉青、玫瑰紫、葡萄紫や天青に窯変紅斑を配した釉などがある。それらは日常生活用の什器というよりは鑑賞用に作られた作品と見たほうがよさそうである。

盤 五花形、海棠形、鐔縁などの形がある。釉色は天青、粉青の例が多く、天青釉に紫紅斑を散らした例もある。作りは丁寧で釉色は艶やかで潤いがあり、翠玉にも似た質感を見せるものすらある。

細頸瓶 直口で長い頸部は弧を描いて撫で肩へ続き、胴下部を丸く膨らませている。胆〔きも〕を懸けたような形から'胆式瓶'とも呼ばれる。デヴィッド・コレクションの細頸瓶は、天青の地釉に紫紅色の窯変彩斑が鮮やかに浮き上がり、両者相まっての美しい彩釉の世界を作り出している。鈞瓷の中でも際立った精品といえよう。（カラー図版51）

細頸瓶

以上述べてきた鈞窯瓷器はすべて北宋宮廷内の御用瓷器の例であるが、その中には朝廷専管の官窯の製品以外に民窯から選定された精品が一定量含まれていた。その事実から当時の状況を推測すれば次のようなことが言え

よう。

　鈞瓷の妙技は宮廷の好んで迎えるところとなり、その結果としての注文の増大は官窯の許容量を越えるものとなっていく。そこで民窯の中に優秀な窯場を選定し貢瓷として徴集する方法が採られるようになる。同時に官窯の設立によって民窯の生産が一挙に不振に陥るということはなかったこともわかる。両者の経営組織の違いほどには製品の差はなかったのである。民窯鈞瓷の多くが天青釉を基調とし、ムラなく熔けた艶やかな釉肌が失透性の光を含んで藍瑪瑙か藍宝石(サファイア)を思わす質感を見せれば、官営の鈞台窯の鈞瓷は民窯の天青釉を地釉として藍紅紫白が交錯する玫瑰紫、海棠紅などの窯変釉を作り出し、もともと民窯に由来する青一色の世界は多彩なものへと発展したのである。また釉色の絢爛多彩にとどまらず釉面には真珠、兎絲、魚子(ななこ)、蟹爪痕また蚯蚓走泥(かいそうこん)とさまざまに形を変えた釉の流文が表わされる。民窯の製品は実用性から胎は薄目であったが、官窯では古樸典雅な風格を表現することに主眼が置かれて瓷胎は重厚に作られたうえ底部には数字が刻まれた。しかし民窯の精品も宮廷用瓷の中に一定の地位を占めていた。それは民窯の技術水準の高さが'官鈞'に迫るものであったことを示している。

金元時代の鈞瓷——宋代との比較

　靖康の変（1126）の後に続く金軍の南方への侵入によって華北の窯業は致命的な打撃を受けることになった。鈞窯の焼造も次第に衰退し、その技術もいったん途絶えてしまう。しかし戦乱が収まるにつれて、生活に必要な器皿の需要は増加するようになる。かくして鈞瓷は金の支配下にある華北の地で奇跡的な復興を遂げ、以後窯場の火は消されることなく元代まで燃え続け、鈞瓷生産の第二の高峰期(ピーク)を迎えることになるのである。

金元時代の鈞瓷の製作が宋代の技術の継承であることは事実であるが、時代や民族性の相違が宋鈞とは異なった作風となって現れることも自然の流れで、そこに金元時代の鈞瓷の特色があるともいえる。

　宋代の鈞瓷は官窯民窯を問わず極めて規整のとれた造形に特徴があった。また釉色の面では民窯は天青色が主な呈色で、他に月白、天藍、葱青などが見られるが、一方官窯は銅の呈色を巧みに利用した"窯変"釉でその名を馳せた。民窯の胎釉は官窯に比べればやや薄いものの、厚薄所を得た適確な施釉の手際は見事で、釉の流れや熔着による欠損などはほとんど見ることがない。宋代の鈞窯はおおむね総釉で、底部には褐色〔芝麻醤色と俗称される〕の釉が化粧塗りされることが多い。胎土は細密で灰褐色を呈し、吸水率の低いことから瓷器化が進んでいることがわかり、軽く弾(はじ)くと心地よい澄んだ金属音がする。破断面を観察しても胎は夾雑物は見られず、わずかな隙き間が認められるだけである。整形は丁寧、胎釉の熔着は良好、剥落などの現象はほとんどなく、精細厳格な製作態度が感じられる。

　金代の製作も基本的には宋代の作風を承け継いだもので、成形に意を尽くし、良好な窯変の発色をみせる瓶や香炉などはその代表的な作例である。開封市の文物商店に所蔵される紅斑双耳壷は金代鈞瓷の傑作で、類品の中でも一級品といえる。口の小さい鼓腹の壷で、輪高台、肩部に双耳が付けられる。高台内も含め全体に明るい天青色の釉が施され、高台には褐色釉が薄く塗られている。器の内外釉面17ヶ所に窯変の彩斑が散らされているが、3種の色調からなる斑文の色彩は鮮麗である。すなわち中心から葱緑色〔淡緑色〕、朱紅色と変化し、外周は葡萄紫、玫瑰紫となっている。地釉の天青と窯変斑の赤、緑、紫の色彩は対照と交錯の妙を見せながら釉面を輝かせ、その艶麗さは宋鈞にも比肩する見事な出来映えであ

天青釉紅斑双耳壷

る。碗や盤の製作には基本的には宋代の器制が用いられたが、北方遊牧民族の生活風習の影響を受けて大型化や実用に即した形への変化などが見られるようになる。

　このほか金代鈞瓷で注目される発見例としては、類例のない印花施文をもった鈞瓷の盤がある(カラー図版53)。1992年禹州西関の窖蔵〔貯蔵穴〕から出土したもので、大きさは高2.9センチ、口径19センチ、高台径10.6センチである。葵花形の浅い盤で底部は輪高台がつく。内底には3朶の菊唐草文を型押しで表わし、花形の内壁を区画する突線を浮き立たせている。器面は藍色で総釉。内底、内壁、口縁の各部に紫紅斑が不規則に散らされる。高台は露胎で高台内には3個の支釘痕〔目跡〕がある。鈞窯は優雅な銅紅窯変釉こそが第一とされ、このような花文装飾の例は実物はおろか文献の記載にも全く触れられることはなかった。この盤は純正な釉色に美しい窯変をもちながらさらに鮮明な印花文様を浮き上がらせている。現在のところ多種多彩な鈞瓷の中でもこの盤が唯一の例で、これが金代鈞瓷固有の装飾法であるかどうかについては、今後の考古発掘と研究の進展を待たねばならない。

　総じて金代の鈞瓷はなんといっても戦乱の後の回復期の製作であることが特色といえる。すなわち民間から生じた日常生活用器への大量の需要に応じるために民窯の基盤のうえに新たに窯場が再興されることになったことである。当然、胎釉の調整や精細な製作によってのみ保証される品質の高さは、量産や低コストといった生産条件の下では維持することが困難になってくる。製品の主眼が実用性に置かれた以上、焼造された金代の鈞瓷に精品が少なく、胎土は粗くやや黄味を帯びたものが多くなるのも無理からぬことである。窯詰めの方法では支釘などで承けられる例は少なく塾餅〔平円形の支焼具〕が敷かれることが多くなり、轆轤成形による器身にも歪みが見られるようになる。盆、碗、碟、罐などの輪高台はほ

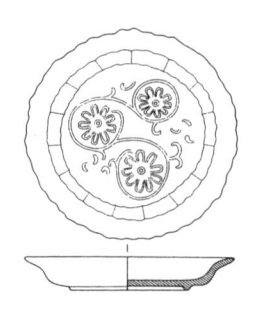

藍釉印花菊唐草文盤

とんどが垂直に削り出され、内刳りはわずかに一刀の抉りで正円とはならず深浅まちまちである。削り痕や指痕を器身に残す例も多く、修整を施した形跡は認められない。釉色は天青、天藍が主で窯変の色彩も宋鈞の自然さにおよばない。一般に金代の釉彩は流動性が乏しく、神奇絶妙、変幻多彩な宋鈞の窯変とは全く対照的な彩斑となっている。戦乱の災禍は金代鈞瓷の技術水準のみならず美的表現の中にもはっきりとその跡を残しているのである。

　元代は鈞窯瓷器が大きく発展した時期で、窯場も各地に広がった。元代では鈞瓷はすでに一般庶民の間で主要な什器の位置を占めるまでになった。しかし、大量の需要は鈞瓷の生産を刺激する一方で、生産の重点が数量に偏るあまり品質への配慮が軽んじられるマイナス面が生じた。元代鈞瓷の印象として'量大質粗'が言われるのもそのためである。宋、金の鈞瓷と比較するとたしかに元代鈞瓷は品種は単純で武骨鈍重な大型の器皿が多いという印象がある。特徴を細かく見ると胎釉ともに粗雑で、施釉は厚くムラがあり、甚だしい例では流下した釉が蠟のように厚く溜る場合もある。また一方で縁などの釉が薄くなった所や胎土が透ける所では成形の際の指跡や削り跡がはっきりと見える例もある。釉の調整も不充分で、釉面にはしばしば気泡や棕眼(ピン・ホール)が発生し、光沢もやや弱い。釉色は天藍と月白が多い。釉面に現れた紫紅の窯変斑は作為的で重くたれこめた黒雲のようになったり、あるいは斑文を寄せ集めた様はかえって鈍重な印象を与え、宋鈞窯変の域には遠くおよばない。一般に元代の鈞瓷では底部までは施釉されず、高台は露胎で、重ね積みで焼成するために内底の中央部を露胎とする例もある。

　しかし元代鈞瓷にも少数ながら特筆される遺例がある。内蒙古自治区呼和浩特(フフホト)市白塔村から出土した「己酉年九月十五小宋自造香炉一个」の銘文をもつ双耳香炉(カ

ラー図版54）や北京北城出土の窯変台付双耳瓶（カラー図版61）が代表例として挙げられる。

　双耳香炉は高さ42.7センチの大型の香炉で、大きく広がった口部は直立する頸部に絞られて丸々と膨らんだ胴部へと続き、底部を3足で承けている。口縁から肩に大きな双耳を立て、頸部には3頭の別作りの麒麟を貼り付けるという過剰とも見える装飾が施されている。器身に明確な紀年銘文が記されることも異例で、当時の作風を知る上で貴重な基準作例である。

天藍釉双耳三足香炉

　双耳瓶は高さ63.8センチの大瓶で、花弁状に作られた口部は長い頸部を経て丸く張りをもたせた肩部に続き、なだらかな輪郭を描きながら底部に向けて収束する。瓶の下には5ヶ所に透し彫りを入れた台座が添えられ、瓶の肩には双耳、胴部には額に「王」字を付けた虎頭の鋪首〔門鐶の飾り金具〕が表わされる。器の全面に天藍釉が施され、頸、肩、台座に紫紅色の窯変斑が現れている。

天藍釉双耳瓶

　この2件の代表的な作例からも明らかなように元代の鈞瓷は宋、金に比べて大型となり、装飾性が強調される傾向にあったことがわかる。別作りのものを貼り付けたり、透し彫りを駆使する施文技法は宋金の鈞窯瓷器には見られなかった手法である。遺例から元代の鈞瓷と宋代の鈞瓷の相違点を次のようにまとめることができる。

　1）宋鈞は総釉で支釘で承けて焼成され、底部には褐色の釉が化粧塗りされる。元鈞の施釉は多く下半で止められ底部は露胎となる。

　2）宋鈞の施釉は厚く均一で、元鈞は厚いが流れて垂下する。

　3）宋鈞は胎・釉ともに精細で光沢があり、元鈞は粗雑である。

　4）宋鈞の紫紅窯変斑は全面に自然に広がり、元鈞は寄り集まって塊状斑となる。宋鈞の釉は明暗濃淡がなく渾然一体の釉調を見せ、元鈞の釉は濃い部分は斑状か縞

条に、淡い部分は水波状に現れる。

　元代鈞瓷の全体を見わたせば、窯場の分布範囲、生産量などは宋時代に比べ格段の発展がみられる。造形や装飾の面でも民族的な嗜好や造形感覚が新たに注入されることによって鈞瓷の内容はいっそう豊富なものへと成長をとげた。しかし残念ながらそうした性格を反映した精品の作例は極めて少数で、元代鈞瓷の大半は広く庶民大衆に向けられ、すでに粗製濫造期の段階にあった。そして元末に至る頃には鈞瓷としての生命、活力は失われ、実体のともなわない名ばかりの存在となってしまうのである。

明清時代に広がった鈞瓷の倣製

　元末、華北における鈞瓷の生産が凋落の運命をたどりつつある時、華南では鈞瓷を倣造しようとする気運が静かに広がっていた。そうした窯場を代表する例として江西省景徳鎮、江蘇省宜興、広東省石湾、浙江省金華鉄店などが挙げられる。中では金華鉄店の焼造が最も早く、広東石湾窯は長い期間倣鈞瓷を焼造し続けた点に特色がある。

　金華鉄店窯の倣鈞　北宋晩期の戦乱によって住地を追われた大量の華北の人々は、皇室が南遷するにおよんで続々と南下するが、彼らの中には陶工も含まれ、北方の先進技術は速やかに華南の地に伝えられることとなった。浙江省金華の鉄店窯は鈞瓷の影響を受けて比較的早い時期から倣鈞瓷の焼造を始めた窯場のひとつである。

　1976年に調査された韓国新安沖海底の沈没船の遺物に鉄店窯の倣鈞瓷があり、その焼造が元代にさかのぼることが判明した。沈没船から引き揚げられた陶瓷器は1977年の段階で総計6463点にのぼり、その中に鈞釉瓷器は三足水盤、水注、花盆、嚢形壺の4器種、計94点が含まれていた。当時、韓国国立中央博物館の学芸研究室長であ

新安海底引揚げ風景

った鄭良謨氏はこの鈞窯に類した一群の瓷器について「元代に華北の鈞窯で焼造されたものとは異なり、鈞窯の影響を受けた南方の窯場の製品のように思われる」と見解を述べている。1980年代の初め、鉄店窯跡に対する総合的な調査が行われ、新安海底遺物中の倣鈞瓷が鉄店窯の製品であることが確認された。

　鉄店窯では花盆、三足鼓釘洗、鬲式炉〔古銅器の鬲に倣った三足の香炉〕、盂、燈盞と台脚、鼓釘罐、長腹罐、水注、貫耳瓶、高足杯、各種の碗、盤などさまざまな器形の倣鈞瓷が焼造されたが、貫耳瓶や高足杯は典型的な元代の器種である。

　胎土は濃い紫色で露胎部の器肌は淡い紫色を呈している。ほとんどの器皿は無文であるが、碗や鼓釘洗には内底に「福」字の刻銘や団花の刻文をもつ例がある。器体の装飾も手慣れた大まかなもので'木耳辺'と俗称される、手捏ねで土紐を波状にして口縁を飾る手法や、下胴部の周囲に土紐を貼りつけて等間隔に指で押さえ目を入れて鋸歯状の文様を表わす手法などが特徴的で、他に型抜きの獣足、鼓釘文、割文や、弦文などがある。

　成形はすべて轆轤水挽きの方法によるもので、花盆や瓶など大型の器皿の内面には轆轤目が残されているが、外面は平滑に修整されている。小型の器皿では内外とも平滑となっている。底部は削り出しと内跨りで輪高台に

新安海底引揚げの鉄店窯倣鈞瓷

作られている。窯詰めは器種ごとにそれぞれ異なった方法が採用され、碗の場合では同一規格のものが墊圏〔輪ドチ、リング状ハマ〕を間に挟んで重ね積みされ、その結果、焼成後の碗内には墊圏の置き痕が環状に残されている。三足鼓釘洗の類は墊具〔敷き台〕の上にのせて焼成され足部は施釉されない。瓶類の口縁部が無釉とされることから、同形の器を逆にし口部を合わせて重ねたものと思われ、大小の花盆は入れ子状に組み合わせて焼造された。

釉色では天青色が多く月白色の例も少数ある。それは濃淡の諧調からなる藍色の失透釉で、蛍光を思わせる神秘的な光彩に包まれた器肌は幽雅な雰囲気を醸し出している。こうした乳白状の独特の釉調は宋鈞と同様、釉が成分の異なる互いに熔け合わない層に分離する分相構造によって引き起こされている。鉄店窯の倣鈞瓷は２度掛けの施釉で、焼成は１回だけである。初回の施釉では釉液に器身を浸して高台周囲を除いた部分全面にごく薄く釉がのせられ、乾燥を待ってからさらに成分の異なる釉に浸し焼成されるわけで、初めの釉は化粧土に類した働きをしていると言ってもよい。中国陶瓷史を概観してみてもこうした施釉法の類例は少ない。

広東石湾窯の倣鈞　石湾の名のつく窯跡は広東省に数ヶ所あるが、それぞれ焼造期間を異にしている。宋から清の仏山石湾窯、宋の陽江石湾窯、明の博羅石湾窯などであるが、明清に盛期を迎えた仏山が最も名を知られ'広窯'とも呼ばれた。その製品は厚手に作られ、胎土は灰褐色、厚く掛けられた釉は光沢に富み鈞窯の釉調を思わせることから'広鈞'と称され、また陶土で作られることから'泥鈞'とも呼ばれている。

石湾窯における鈞窯の倣造は明代の中葉に始まり、清代まで数百年の間途切れることなく続き、倣鈞の窯場として最も長く活動したことが特筆される。さらに製品の

大半が倣鈞瓷で占められていたことも注目される特色となっている。明から清の乾隆期にかけて焼造された倣鈞瓷の器形には洗、瓶、壺、盤、盤架、三足香炉、尊などがあり、そのうち洗、尊、三足香炉は宋鈞の形式に倣っている。施釉は鈞窯に類した藍色と翠毛釉〔青緑色の美しい海鼠釉〕の例が多く、落ち着いた調子の発色は古制の器形と相まって器皿の印象を重厚端正なものとしている。乾隆以降民国初年にかけての器種には人物や動物の置物類が目立つようになるが、その他の器皿の成形にも変化や装飾化への関心が向けられるようになる。それは蓮花形洗、執壺〔把手付き水注〕、菱花盤、六角瓶、橄欖尊などの形となって現れ、釉色もあでやかさを増して紫鈞、三稔花〔赤味を帯びた野花〕、檳榔紅、石榴紅、回青、茄皮紫と多彩なレパートリーを見せるようになっていく。

　広鈞の性格はあくまで宋鈞の倣造という点にあり、両者の間には次のようにおのずと異なった作風が認められる。

　宋鈞は高嶺土(カオリン)からなる瓷土で作られ、1250度以上の高温で焼成されることから、香灰色あるいは深灰色を呈する胎土は堅く密に焼結し瓷化の程度は高く、指で弾けば金属的な音を発する。一方、広鈞の胎土には現地の陶土が用いられ、焼成温度は1000度前後、胎土は灰褐色を呈し、厚手の作りのわりに砂まじりの胎は軽く、指で弾くとくぐもった低い音が返ってくる。

　宋鈞では素焼きと施釉後の本焼きの2度の焼成が行われているが、広鈞の場合焼成は1回だけである。そのかわり施釉は下地と上釉の2度に掛け分けられ、まず鉄含有量の多い釉で器体の気孔や凹凸を埋め、上釉の必要以上の吸着を予め防いでから珪酸分に富む上釉を掛けられることにより彩斑が作られる。焼成段階では2種の釉が熔け合い、鉄分と珪酸分の相互作用によって変化に富ん

だ釉調が作り出されることになる。

　広鈞の釉色は藍色が基調となって白紅紫などの各色がその間に錯綜するのを特色とするもので、中でも藍色に雨脚のように葱白色の筋が流れた例は「雨淋墻」あるいは「雨灑藍」と呼んで珍重された。民国の許之衡が『飲流斎説瓷(りゅうさいせつじ)』で言う、「鈞窯は紫を以って勝り、広窯は藍を以って勝る」という評語は両者の特色を的確に捉えたものといえる。

　かつて石湾窯の紅釉倣鈞の碗がイギリスの著名な収蔵家ユーモルフォプロス卿の蔵品図録に宋代の鈞窯として収録されたことがあった。最終的には石湾窯の倣造と確認されたものの、石湾窯の技術水準の高さはこのことからもうかがい知ることができる。

　江西景徳鎮の倣鈞　景徳鎮では宋代の中後期にすでに鈞窯の倣造が行われたとする記録があり、例えば清、藍浦(らんぽ)の『景徳鎮陶録』巻2に当時焼造する品種の源流を列記する中で、「鈞器　宋末に倣う。即ち宋初の禹州窯である」と記されている。しかし現在のところ景徳鎮の宋代倣鈞瓷は伝世品はおろか出土品さえも発見されておらず、その実態の初歩的な理解さえ得られていない状況といえる。

景徳鎮出土の倣鈞瓷青釉盆

　元代中晩期になると酸化銅を主な呈色剤とした美しい紅釉瓷の焼造に成功し、それは'元紅''元紫'とも称された。また銅紅釉を調合した絵具で器身に文様を描き透明釉を掛けて焼成する釉裏紅(ゆうりこう)瓷器の製作も始められた。中国陶瓷史の上でも銅紅釉の初期の作品として元代紅釉瓷器のもつ意義は高く評価されている。この基礎の上にその後景徳鎮では鮮やかな銅紅釉瓷が焼造され、'祭紅'〔明、宣徳のものが声価が高く、宣紅(せんこう)、霽紅(せいこう)など異称も多い。天の祀りに用いられる赤い祭器からの名称と言われる〕、'郎窯紅(ろうようこう)'〔清初の監造者郎廷極の名に由来すると言われる清代の高温銅紅釉の呼称〕の名が長く紅釉の理想

祭紅盤

郎窯紅瓶

第4章◆鈞瓷の特徴とその鑑別　*81*

として語り継がれたように、明清代を通じて銅紅釉の焼成技術は最高の水準にまで到達することになるのである。この景徳鎮の銅紅釉瓷は宋代鈞窯の紅釉の系譜には含まれるものの、胎釉の特徴や製作技術といった具体的な点では両者の間にさほど密接な関連は認められない。景徳鎮窯における鈞瓷の倣造は別の品種に求められるべきで、雍正、乾隆期の作品こそが真の意味でしかも成功をおさめた倣鈞瓷の名にふさわしいものということができるのである。

　景徳鎮の鈞窯倣造ではごく一部、例えば宋鈞の三足洗などの場合に器形の写しに関心が向けられたものの、倣造の主眼はもっぱら釉色の表現におかれ、清朝の宮廷に所蔵される伝世品の釉色、玫瑰紫（まいかいし）、海棠紅（かいどうこう）、茄皮紫（かひし）、梅子青（しせい）、驢肝（ろかん）、馬肺（ばはい）の６種の再現が試みられ、さらに新紫〔銅呈色の地釉に鉄分を含む釉をかけたもの〕、米色といった新しい釉色の創作も行われた。

　雍正期の倣鈞釉は天藍の釉色を基調とするところに特色があり、器皿ごとに濃淡の差を見せながらも色調はあくまで明るく澄み、鈞窯を思わせる紅斑が現れている。素地土には精細な白色粘土が用いられることから、胎土は純白で堅く焼結する。釉肌は透明感と艶やかな潤いに包まれ貫入（かんにゅう）はない。天藍に点じられた銅紅斑はあるいは紅藍混交して自然に流動し、綿のように輪郭を滲ませ、またあるものは彩虹か晩霞が濃藍の天空にかかる様を思わせる。ときに紅斑は意図的に巧妙に散らされ自然の山水を現出させ、また大きく絢爛な紅斑で口部を覆い、鮮やかな対照を見せつけるなど、紅斑と天藍の作り出す光景は千変万化である。紅斑それ自体の呈色も一様ではなく、紅紫、淡紅、灰褐とさまざまな色調に変化する。器皿の口部は紅色釉とされる例が多く、高台際に釉の流下は見られない。高台の無釉の部分には鉄錆色の釉が化粧塗りされ、高台内は淡い黄褐色の釉が掛けられ「雍正年

雍正期の倣鈞盆奩と瓶

製」の篆書の刻銘が記される。

　景徳鎮窯ではこのほかに次に述べる'宜鈞'の効果に倣った品種も焼造され'炉鈞'と称された。それはまず外面を無釉としたまま高温度で焼成し、その後施釉して低温の窯＝炉で釉を熔着させて完成される。古くから炉鈞には素と葷の2種があると言われ〔素葷は対語として精進物、生臭物の意味を持ち、この分類にもそうしたニュアンスが感じられる〕、前者は平静な印象のもので華やかな金紅色は含まれず、それに反して後者は躍動感に溢れた釉調で金紅色や青藍色の輝点が現れると説明される。

　清、佚名『南窯筆記』には「炉鈞〔均〕というのは、炉中で焼いたとき顔色が流れ滴る中に紅点の有るものを佳とし、青点は之に次ぐ」とある。伝世品から言えることは雍正の年款をもつ炉鈞の作例では、紅藍の色釉が熔けあって動感溢れる釉調が表わされ赤色の輝点が遍く浮かぶのに対し、乾隆年款の炉鈞では釉の流動は押さえられ、青白色の錯綜するものが多い。景徳鎮の炉鈞には紫砂〔紫色の炻器質粘土〕胎に作られるものがあり、壺〔急須〕に類する器形が多く見られる。

　江蘇宜興窯の倣鈞　江西省の景徳鎮が瓷器の焼造でその名を馳せ、「瓷都」の名を恣にしたのに対し、江蘇省の宜興は陶器の焼造で天下に名を知られ「陶都」の称号を冠して呼ばれるようになった。宜興窯では明代以降特色ある無釉陶器が焼造され、胎土の外観から紫砂と呼ばれた古樸文雅な陶器は多くの人士の好むところとなった。紫砂器の焼造は宋代にさかのぼることが確認されつつあるが、ひときわ隆盛を見せるのは明代以降である。

　宜興陶器の窯場はかつて鼎山、蜀山の2鎮〔現在の丁（鼎）蜀鎮〕にあり、一般に蜀山の製品が'紫砂'と呼ばれた。ここで問題とされる宜興窯の倣鈞器、いわゆる'宜鈞'は鼎山の窯場で焼造された。鼎山鎮窯は明、万暦期に宜興の人欧子明によって始められ'欧窯'とも称

された。『飲流斎説瓷』では欧窯の名で歴代窯場のひとつに挙げられ、「欧窯は、宜鈞とも名づけられる。これは明代の宜興の人、欧子明が製したものである。形式は大半、均〔均瓷〕に倣（なら）っている。故（ゆえ）に宜均と曰（い）う」と簡潔にまとめられている。

　宜鈞の胎土には白色粘土のものと紫砂の２種があり、釉液には燐を含む石灰窯の窯汗〔生石灰の焼造に使用する窯内の熔着物〕が助熔剤として加えられ、乳濁質の釉調が作られる。釉色は天青、天藍、灰藍、雲豆〔インゲン豆の色〕が主なもので、月白や葡萄紫の発色もときたま見られる。清代、乾隆（1736〜95）から嘉慶（1796〜1820）にかけての時期、宜興鼎山では葛明祥（かつめいしょう）、葛源祥（げんしょう）の兄弟が相次いで宜鈞の焼造にあたり、明代欧窯の伝統を承けた花盆、花瓶、水盂〔水滴〕などは広く人々の好むところとなった。その釉面は藍色の暈（ぼか）しも欧窯に比べてさらに見事に表わされ、裾部の釉際もきれいに処理されるようになっていた。彼らの製品にはしばしば「葛明祥」「葛源祥」の銘款が捺されている。

　要するに江南に広がった鈞瓷の倣造は、宋代鈞瓷の伝統技術のエッセンスとでも言うべき部分の保存と継承という役割を果たしただけでなく、地域の窯業生産に根ざした独自性を発揮したという点で注目されるべきであり、それが装飾技法の面で中国陶瓷に多大な貢献をしたのである。

擬古作の鈞瓷

　鈞窯瓷器の生産が元末以降衰退の道をたどったことはすでに述べたとおりである。明代万暦期には鈞窯の'鈞'字が神宗の諱朱翊鈞（いみなしゅよくきん）に含まれることから避諱（ひき）の制〔生前の名を呼ぶことを避けるきまり。後世、皇帝や孔子の名は国諱（公諱）として全国的に避けられ、書写に際しては代字、改字、欠画等の手段が取られ、官名、地名、物名の改

廃にもおよんだ〕に触れ、窯場は官府の命令によって閉鎖を余儀なくされる。当然鈞瓷の生産は再起不能ともいえるダメージを受け、存亡の瀬戸際に立たされることになる。とりわけ焼成の過程で自然に形成される窯変に関する奥技はいつしかその原理を知りよく掌握する陶工の姿は見られなくなっていた。

　時は移り清末になって新たな動きが起ってくる。当時禹州の神垕鎮(しんこうちん)には蘆氏の3兄弟天恩、天福、天増があり、ともに陶工として生業につとめていた。彼らは骨董商が宋鈞を高値で買い付けることに強く心を動かされ、また窯跡からの発掘品にも啓発を受けて鈞瓷復興の志を立てるようになる。努力はたゆまず続けられ、やがて初歩的な成果が得られるまでになる頃には、鈞瓷の生産も徐々に回復の兆しを見せはじめ、孔雀緑、碧藍など単色釉調の‘雨過天青(うかてんせい)’器の焼成に成功する。それは光緒5年(1879)頃のことである。その後‘天青’色を基礎として抹紅(まっこう)〔礬紅。鉄を呈色剤とする低温釉〕、飛紅〔濃い赤〕といった新しい装飾法も創案される。彩斑はやや暗い色調のもので、宋鈞に比べれば見劣りするが、鈞瓷の再興に大きな一歩が印されたことは間違いない。蘆氏の家は鈞瓷の焼造で代々知られていくようになる。

　1907年、蘆氏の第二世代の蘆光東(こうとう)はすでに秀でた腕でその名を知られる陶工に成長し、彼の焼造した「折縁盤」や「乳釘罐」〔乳釘(リベット)状の小突起で飾った壺〕などは誤って宋鈞として大英博物館に収蔵され、また青緑に紅彩を混じえた双桃の形の置物に至っては、形姿は真に迫り釉面は玉にも似た光沢を見せ、開封の古美術商「群古斎」が銀400枚という大金で購入し、出土した宋鈞と疑わず大切に愛蔵されることになったのである。蘆氏の家族の手になる鈞瓷には宋鈞と見紛(まご)うほどの精品があり、‘蘆鈞’という呼称さえ生まれるようになった。当時の骨董商の間では‘蘆瓷を防ぐは謹厳に、ゆめゆめ騙されてはなる

まいぞ'が合い言葉になるほどであった。(カラー図版74)

　蘆氏による倣造は近代で最も早くしかも比較的成功した擬古作の例であり、それが鈞瓷の再興に果たした大きな役割を見過すことはできないが、その精品は一見宋鈞と見分けがつきにくいようでありながら、擬古作の完成度という点に関していえば明らかに未だおよばざる部分が指摘される。まず宋鈞の釉面には現れた'蚯蚓走泥文'が見られないこと、窯変の紅斑の発色が暗い調子になりしかも内面と外面に不自然に分断された配置などがそれである。化学的な知識に欠けた当時の情況からすれば無理からぬことで、窯変釉の形成の原理、焼成中に次々と発生する複雑な変化の原因について十分に理解が及ばなかったのである。鈞瓷の擬古作が大量に出回るようになったのはこの数年のことであり、それは最近とみに熱気を帯びてきた古美術収集のブームと無縁ではなく、市場が活況を呈せばそこに利を得ようと贋作の誘惑に抗しきれない者も現れることになる。鈞窯瓷器には刻りや描画による文様が全く無いことから彼らの関心も釉色と形に集中して向けられるのである。

蘆氏作・蓮花形花盆・盆托

鈞瓷の真贋の鑑別

　識別には2つの方法がある。

　科学的方法　熱ルミネッセンス法〔陶瓷試料に放射線をあて、その熱発光量から焼成年代を測定する方法〕、放射化分析法〔陶瓷試料を粉末にし原子炉内で中性子を照射し、反応放射能量から元素成分とその定量を測定するもので、微量成分の検出によって産地の異同などの判定が可能となった〕などの方法があり、両者とも誤差は少なく、焼造年代、産地の判定に有効ではあるが、測定に際しては試料採取のため孔を開けるなど器皿のごく一部を破壊することは避けられない。

経験による方法　この方法は主観的な要素を排除することはできないが、適当な人物さえいれば、特別な装置もいらずなんら制約する条件もないので実際にはほとんどこの方法で識別が行われている。

ここで'経験'というのは擬古作の製作に関する知識にとどまらず、各時代の鈞瓷について器形、釉色、焼成などそれぞれの特徴を理解することが必要で、また時には最終的な判断にはあらゆる情報を総合しながら'推理'することが欠かせぬ要素ともなってくる。例えば現今骨董市場や個人の収蔵品の中にも盆托や鼓釘洗といったいわゆる北宋の'官鈞'の器種を見かけることは珍しくない。作りも古そうで、底部には'官鈞'の証しである漢数字の刻記もあり、鈞瓷の真作にめぐり合うことなどめったにない収蔵家にとってはまさに絶好の機会と映っても不思議ではない。しかし入手した後で専門家の鑑定を仰ぐに至り、高い授業料を払わされたことを思い知るのである。しかし実は北宋鈞瓷官窯の真偽という問題に関しては、当時の製作状況を理解しておきさえすれば比較的簡単におおまかな推断は下せるのである。

北宋朝廷が設立した官窯の製品はもっぱら御用に供されたのであり、民間での使用は厳禁され、不良欠格の製品は破砕された後に土中深く埋められた。1970年代に禹州の鈞台で全面的な発掘調査が行われた際にも官窯の製品は1件たりとも完好な形では発見されることがなく、そのことからも官鈞が厳しく管理されたことがうかがえ、民間へ流出する可能性はほとんどなかったといえる。とすれば現在市場で目にする宋代の官窯鈞瓷なるものは基本的にはすべて贋作ということになるのである。

鈞瓷の倣造は現代の禹州の神垕鎮でも行われている。そこは鈞瓷の伝統に育まれた窯場であり、現代鈞瓷の名人と言われる作家の多くが集まっている。神垕鎮の鈞瓷製作はこの数年めざましく発展し、各種器皿の造形や釉

色の変化などあらゆる点で高い完成度を見せるまでになっている。現在の問題は苛烈な市場競争という環境下にあっていかに販路を確保し開拓してゆくかということである。筆者のよく知る作家の何人かから同じような恨み言を聞いたことがある。今の収蔵家は現代作品をあまり喜ばない、いささか'古を厚くして今を薄くす'の傾向ありだと言うのである。こうした事情があって神垕鎮でも尊、瓶、香炉、鉢、碗、盤などの倣古瓷の焼造が始められることとなった。器形は一般に宋、金、元各代の民窯の器形から取材し、製作技法や彩斑の意匠など極力オリジナルに忠実であることが求められている。こうした倣古瓷の焼造自体にはやむを得ない事情があるが、もしそれらが旧作と騙って骨董市場に紛れ込むようなことがあれば、それは本来の鈞窯瓷器の実像を害するばかりでなく、市場の混乱を招くことは必至である。

鈞瓷鑑別の着眼点

　まず製作技法から見てみよう。鈞窯瓷器はその草創記の'唐鈞'から宋、金、元を経て民国時期の倣製に至るまで成形の基本は轆轤水挽きの方法によっている。その器体に現れる特徴は器壁の厚さの変化によく見られ、底部が厚く口部に向かうにつれて厚みを漸減し、口縁部が最も薄くなる。高台の露胎部分では細密な回転痕が観察され、器壁の釉の薄い所では轆轤目が透けて見える。現代の倣鈞は同じ形のものを生産効率よく一定量成形するのに'鋳込み'という方法を用いている。これは石膏などで型を作り、そこに液状化させた素地土を流し込み、型の内壁に吸着させていくというものである。こうして作られた製品では器壁の厚さはおおむね均等となり見た目より手取りが軽く、さらに粗製の例では修整がなおざりにされ、器面に割り型の継ぎ目の跡が残されたものさえある。これなどは倣作としては拙劣の部類で、巧妙な

例では器皿の内部、例えば瓶の内側のように見えにくい部分にセメントなど他の材料を塗り付けて重量を増加させることも試みられている。あるいは'鋳込み'で成形した器皿の内壁にわざと轆轤目を付けることも行われるが、子細に観察すれば倣造の轆轤目は線が粗く間隔も不自然で、両者の違いははっきりと指摘できる。

　次に釉色と釉質を見なければならない。宋代の鈞瓷では天青、天藍、月白いずれの釉も釉面はムラなく熔けて艶やかな潤いがあり、失透性の柔らかい色調に包まれている。それが墓葬や窖蔵から出土したものであっても、中原地区の地下水位の低さや土壌のアルカリ度も関係して大きな土銹が付着する例はほとんどなく、焼造から1000年近くの歳月を経た現在でも玉や翡翠を思わせる質感で観る者を魅了する。現代の倣鈞器はそれが宋鈞の形を写し、あるいは金、元の鈞瓷の特徴に倣うものであっても、釉色はほとんどの場合天藍で、天青や月白色の例は少ない。その上出土品の鈞瓷の擬装として土銹を固着させたり強すぎる釉面の光沢を押えるさまざまな処理が加えられたりもするが、多くは全く逆効果に終わり、釉色は不自然に黒ずんで不快感さえ感じられるのである。擬古作の主な処理法と見分けるポイントのおおよそは次の通りである。

　1）獣皮などを用いて釉面を反復して擦（す）り、近作特有の照りを押さえようとする例。釉面は一見平滑に見えるものの、拡大鏡で観察すると無数の平行線からなる擦過（さっか）痕（こん）が確認される。

　2）新作の倣造品を酸などを含んだ溶液に浸して表面を腐食させる例で、確かに釉面の照りは押さえられるものの、釉面には独特の曇りが生じやすく拡大鏡で見ると腐食痕が認められる。

　3）倣造をする者の中には上記の方法が釉面を傷つける不利を認識する者があり、彼らは油を含ませた布で器

面を磨く方法で釉面に柔潤な色沢を与えようとする。しかし真作の釉肌の滑らかでしっとりした手触りとは明らかに異質のもので、表面に油っぽい感じがある。

　4）酸性溶液に浸した後、すぐに土をかぶせ人為的に土銹を作るもので、この方法では釉中に土銹が染み込み収蔵者の眼を欺くことも少なくない。しかし実際にこの数年来、華北の地から発掘された例や鈞台窯跡からの大量の出土資料を見ると土銹の付着は少なく、大きな塊状に固着する現象などはめったに見られず、ほとんどはきれいでしっとりした釉肌を保っている。倣造者の中には接着剤まで用いて、土銹の付着を演出しようと腐心するものまでいるが、それこそ「巧を弄して拙を成す、蛇を為り足を添う」〔技巧を用いすぎてかえって悪い結果をまねく、蛇を描いて足を付けるように〕という格好の例なのである。

　5）人為的に釉を剥ぐ例。倣造者の中には高台部分の釉を剥ぎ取って胎土を露わし、古色を擬装しようとするものがある。当然その原料土は同じとはいえないまでも近隣の地域のものであることは間違いなく、似通った胎色を呈している。しかしそれを真作と子細に比べれば作為の跡は明らかで真作の釉際の断面が直線的であるのに対し、倣作の釉を剥いだ断面では多くは斜線となっている。

　鈞瓷について真作と擬古作を鑑別する際には上述のほかに次の点にも配慮しておく必要がある。

　鈞瓷の真作の釉面上の窯変斑は紫紅色を呈するものであるが、倣製品の場合は淡い暈しの諧調は見られず発色は濃くなりがちである。倣製品の胎土の色調は真作に比べてやや薄く、胎土の精練が不十分なために真作の緻密さはなく、胎の断面には夾雑物や隙き間が目立つ。

　鈞瓷の生産を永年観察してきた筆者の感想から言えば、現代の倣製品はそのほとんどが宋鈞の丁寧な作りや

釉調の美しい色沢とは隔たったもので、金元の鈞瓷に外観を近似させたものでも胎、釉をよく見比べれば、その印象はすべてにわたって単純、薄弱であることが明らかである。
　そもそも真偽の鑑別ということは一朝一夕に習得されるわけはなく、不断の学習、観察と研究が欠かせぬことはもちろん、現代鈞瓷の発展の情況や倣製品の技法の動向などにも絶えず目配りする心構えが必要である。

第5章 鈞瓷の鑑賞

鈞瓷の芸術的価値

　鈞窯の瓷器は'国の瑰宝〔至宝〕'とも称され、宋代五大名窯の中にあって'艶麗この上ない五色の釉を具える'ものとしてひとり異彩を放つ存在であった。それは銅の酸化物を呈色剤として応用する創意に始まり、還元焼成技術の掌握を経て生み出された美しい窯変釉の創出によるものであった。茄皮紫、海棠紅、丁香紫、朱砂紅、玫瑰紫などさまざまな色沢に現れた釉面は、赤の裏に紫、紫の中に藍、青を透かして赤、青藍錯綜、紫紅相い映すというように各色の複雑美妙な流動で形成され、あたかも濃藍の天空一面に彩やかな霞がかけられたかのように物静かで奥深い趣を湛えている。

　古くから「夕陽の紫翠も忽ち嵐と成らん」などの詩句を用いて忽然と釉色を変化させる鈞窯窯変の醍醐味が形容されている。しかも鈞窯瓷器の表情に現れるものは艶麗多彩な釉色の乱舞にとどまらず、珍珠〔真珠〕点、兎絲文、魚子文、蟹爪痕、蚯蚓走泥などさまざまな形の文様が時にくっきりとまた時に生動感を見せながら釉面全体に現れ、器の表情をいっそう変化に富んだものにしているのである。その上失透性の釉質は穏やかな光沢で全体を包み、厚味を感じさせる施釉は潤いを含み艶やかな肌を作り出している。まさに翡翠に類し玉に似て瑪瑙と並ぶといえるほど釉色の美しさは高い完成度を示し、その天工の美こそが鈞瓷をひときわ際立たせたのであり、また中国陶瓷史の上に確固たる地位を占める所以ともなったのである。

宋代の鈞瓷の釉の調合は、従来の青瓷のような鉄を呈色剤とする比較的単純な伝統的製釉法とは根本的に異なり、銅、鉄、燐、錫などの鉱物成分が個別に釉材に調合され、各種の釉料は層を分けて丁寧に掛けられ、最終的に炎の力を得て釉層の構造は複雑に変容する。光学機械で観察した結果、銅紅釉はいくつかの層から形成されていることが確認され、それらはおおよそ４層に分けることができた。胎土に近い第１、２層はともに天青釉と同じ構造で、天藍色に近い第２層は上部の境界面で起伏し、激しく波形を描きまた多くの気泡が含まれる。第３層は断続する紫紅色層で微細な粒状（コロイド）になった銅がその大きさにより赤から紫に発色する。第４層は表面の層で比較的均一な釉層には酸化された銅分がわずかに含まれ、ごく淡い青色を帯びている。
　こうした釉の構造により入射した光線は、各層それぞれ異なった波長で吸収反射が行われることになり、見た目には宝石にも似た柔和で神秘的な光彩と映るのである。釉層中に含まれる気泡や微粒子が光を乱反射しオパールのような不透明な質感を演出し、さらにそれは釉の流動によって効果が倍加され、釉面には晩霞彩雲の光景が現出し興趣の尽きない釉飾の世界を展開させる。
　銅は高熱下では気体になりやすい性質があり、それを釉の成分として用いるのには調合、焼成などに充分配慮した相応の技術的習練が必要とされ、すべての工程が最適に制御されてはじめて理想的な色沢の窯変斑が出来上がる。銅を呈色剤とする鈞窯瓷器が貴重視されてきた理由には、製作上の難しさから上作の遺例が少ないという根本的な原因があるのである。民国期の上海の大収蔵家潘子良（はんしりょう）のもとには鈞窯の葵花式花盆の断片が蔵されていたが、それを高額で譲り受け指輪にした者があったと伝えられている。最近では少なくなってきたが骨董市場で民国期製作の鈞瓷の破片を嵌め込んだ座屏〔小形の衝立（ついたて）〕

や掛屏〔木彫の掛物、額〕を見かけることがある。一般には宋元の天藍釉に紫紅斑の破片が選ばれ、数千元の値段がつけられていた。鈞瓷の紫紅色の窯変斑は破片であっても装飾品や調度に変身をとげたのであり、釉調の美しさはもちろん作品そのものの稀少性もその商品価値を高める要素となっていたことがわかる。

　変化に富んだ銅紅窯変釉の焼成が鈞窯で達成されたことによって、従来の青釉類系からなる単調な陶瓷装飾は大きな転換点を迎えることとなった。それは中国陶瓷史により広い新たな道を拓くもので、中国の青瓷の展開の上で歴史的エポックとなる出来事であった。

　鈞窯の銅紅釉の影響と啓発を受ける形で、南方の名のある窯場でも元から清の時代にかけて銅紅釉の優れた品種が相次いで焼造された。それらは元代の釉裏紅、明清に名高い宝石紅〔明、宣徳期の紅釉、紅宝石に似た色沢からの名称ともいう〕、霽紅（祭紅）、郎窯紅、美人酔〔桃花紅（豇豆紅）の一種で淡い紅釉に緑斑が現れたもの〕などいずれも極めて高い品質のものであった。各品種の瓷器は胎釉の成分、焼成温度や条件、施釉方法の相違などによって独自の色調光沢に焼成され、外観の印象こそ異にするものの、それらの根源が鈞窯の銅紅釉にあり、その成功が他窯の紅釉瓷器の発展に強い影響を与え、積極的に推進する役割を果たしたことは否定できない。

賞玩と収蔵

　鈞窯瓷器は蘊潤雅致〔潤いを含んで雅な趣がある〕、五彩斑斕〔まだらで美しい〕の釉色で高い声価を受けてきたが、それを存分に発揮させる器体の造形の妙も忘れてはならない。両者が調和してはじめて独特な美しさが生まれる。器形の設計に際しては生活習慣上の基本寸法の採用など実用的な機能が前提とされたが、その一方で当時の美意識や釉料との適合性が造形感覚の中に盛り込ま

れた。鈞窯釉の美しさは大部分が厚味を感じさせる釉調と釉の流動性によっているため、器形の設計には輪郭線の対称や均衡など幾何学的な要素が充分に考慮された。それに加えて端正重厚、典雅悠然という表現内容のために釉色の美的効果を損ねる装飾は簡略化され、輪郭線は明瞭単純、釉色の変調を生む稜飾を適宜浮き立たせ、流動を演出する器腹の曲線も周到に計算された。施釉の方法も特に鈞窯においては直接釉面に結果となって現れる重要な工程で、表現手段のひとつとも言えるものであった。銅紅釉の発色の良否は的確な配合による製釉、適正な窯内温度と雰囲気という要件の達成度にかかっている。

　一方、その形状から兎絲、蚯蚓走泥、魚子、珍珠などさまざまな名前で鑑賞家に称されることになった釉面に現れる細かい色調の変化は主に施釉方法の入念な配慮によっている。つまり成形を終えた器身は釉液に浸した後にさらに器面の傾斜、凹凸、上下などに応じてそれぞれ異なる厚さの釉が刷毛塗りされたのである。例えば垂直壁、凸部、上部などでは釉が流されやすくなるのであらかじめ厚目に刷毛塗りされ、湾曲部、凹部、下部は釉が溜りやすく刷毛塗りは薄くされる。焼成中器面の各部位に応じてあるいは細く長い筋が伸び、また釉が流れたまって沈澱し、また結晶化するなどの変化が生じることになる。その弾力性のある細い線は兎の毛を思わせ、屈曲しながら走る奇妙な痕跡は土中を進む蚯蚓(みみず)の所業に似て、浮き上がる円点は魚卵、輝く小点は真珠とも見えるものであった。鑑賞家の眼は釉の流動が作り出す彩斑と細文の交錯した神奇ともいえる画面に注がれる。その変幻自在ぶりは鬼神か天工のみがよく成し得るところであり、人々の想像力をかき立て、そこにさまざまな奇観絶景を感得させる。高山雲霧、峡谷飛瀑、満山翠竹、星辰満天、寒鴉(かんあ)帰林などの光景をそこに発見するや桌(テーブル)を叩い

てその神秘を称賛し、彩釉の世界に没頭するのである。

　鈞瓷はまぎれもなく中国の伝統文化に育まれた貴重な遺産であり、それは数百年の歳月を経た現在でも新しい遺例が発見され、さらにその内容を豊富なものに発展させながら現代の鈞瓷の中に斬新な姿で再生をとげている。現代の鈞瓷の製作では造形の構想、焼成技術はもちろんのこと品種、釉色、表現内容など美的完成度の面においても着実な進歩を見せているのである。鄧小平から訪問の記念として日本に贈られた鈞瓷獣耳瓶はその代表的な作例ということができる。宋代の鵞頸瓶〔長頸瓶〕の豊満な胴部、俊秀な形姿を承けて瓶身の輪郭は垂直を指向して淀みなく流れ、対称に付された双耳はあくまで簡潔、全体に窯変銀丁花釉〔藍紫の入り交じった釉色〕が施され、古雅な趣を色濃く漂わせた作品となっている。

　現代の鈞瓷の作家たちも最近では青釉紫紅斑彩、青釉臙脂斑彩、青釉と紅釉の内外掛け分けなど見事な作品を焼造するようになってきたが、そこに到る道は決して平坦なものではなかった。古い鈞瓷に秘められた製作の技法を解き明かすために千回を超える試験が繰り返され、胎釉の成分や配合から精製法などの手順や要領が詳しく研究され、また鈞瓷の焼成に適した窯構造も考えられるなど試行の積み重ねが現代に窯変鈞瓷を復活させるためには必要であった。新生の鈞瓷の胎土は堅固細密で羊肝色〔赤褐色〕を呈し、高温で焼成され吸水率は低くほとんど瓷器に近い性質を示している。釉色の多彩な様は名称が追いつかないほどで、火焔紅、臙脂紅、朱砂紅、鶏血紅、玫瑰紫、海棠紅など紫紅色の入り混じった窯変釉があれば、天青、月白、碧藍、米黄のように青中に赤味が浮かびあるいは赤色を透して藍味が感じられるもの、また全体を赤色とした中にかすかな碧藍色が螢光を発しながら見え隠れする神秘的な花釉の例もある。

　器形はさらに変化に富み葵花式、蓮花式、海棠式、長

方式、六方式〔六角形〕など宋代の花盆の器制に倣ったものもあれば、出戟尊、象耳尊、鼓釘洗、虎頭瓶、鵝頸瓶、胆瓶、玉壺春瓶、遊環瓶、六方〔角〕瓶、六楞〔稜〕瓶、三足香炉、虎頭鼎などその種類は数百種におよんでいる。特にこの数年鈞瓷の陶工たちは伝統工芸の基礎の上に玉彫や木彫の技術を巧みに取り入れて双龍遊環瓶〔龍形の耳に可動の環が付けられたもの〕、象耳遊環瓶のような複雑な形の作品を作り出している。このほか浮き彫り、手捏ね、透し彫りなどの技法を駆使して蟠龍胆瓶、蟠龍七弦瓶、雲龍筆筒、牡丹透し彫り花盆、五龍鼎、九龍瓶などといった彫塑性の強い作品も創案されている。

　そうした中で忘れ難い出来事は1997年7月1日、香港返還の記念すべき国家行事に鈞瓷が参加の栄誉にあずかったことである。香港返還を祝い、特別行政区の発展を願う河南省9600万の人々の祝賀の気持ちとして鈞瓷の大花瓶が贈られることになったのである。鈞瓷が選ばれた理由はそれが中原の悠久の歴史と輝かしい文明を最もよく体現しているからであり、この大作には「豫象送宝」と題名が付けられた。瓶の全体は瓶身、座、墩（とん）、展示台の4つの部分から構成され、格調高く紫紅釉に表された瓶身は宝石藍〔藍宝石（サファイア）に似た鮮やかな藍色〕の座墩の上に重ねられ、3つの部分の総高は1997ミリに設計され、返還の年次の寓意となっている。墩は太鼓の形で皮止めの鋲のように周縁に小円を貼りめぐらせている。

　瓶の形は伝統的な観音瓶〔短頸で肩は丸く胴裾が長く伸びた瓶の美称。気高く優美な姿からの連想ともいわれる〕の器制を借りたもので、その印象は古樸端厳、渾厚粛穆（こんこうしゅくぼく）〔大きくどっしりとして慎ましく穏やか〕という言葉のままであった。全体の釉色は赤が基調で、その中に紫色が浮び紫を透して藍がのぞくという釉調で、歓声に沸き立つ慶祝の雰囲気を見事に表現している。

　鈞窯瓷器は長い歴史と伝統の中で育まれ発展を遂げて

「豫象送宝」瓶

きたが、それは精神・物質両面の文明が日増しに繁栄の度を加えている現代においてなおさら大きな意味をもつものとなっている。現代工芸に見合った製作技術の向上が図られ、精美な器皿が世界各地へ輸出されてゆくことは、とりもなおさず高度に発達した古代の文明が広く伝えられることにほかならない。

　現代の鈞瓷は'宋鈞'の厚くムラのない施釉を取り、'元鈞'の色を聚めて形を成すを選び、千年の伝統技術に現代感覚を織り交ぜたまさに新生の鈞瓷となっている。それにつれて愛好者の数も徐々に増加し収蔵の対象とされつつあるが、そうした動勢は収蔵家の間で語り継がれてきた次の言葉を思い出させる。それは「縦え家産の万貫有るも鈞瓷の一件に如かず」というものである。鑑賞する際に人を魅了するのは失透気味に温和な光沢を放つ釉肌や多彩な釉色のみにあるのではなく、その詩情溢れた画面の顕現しかもそれが人為によらず窯内の燃焼反応によって作り出されたことに対する感慨に発しているのであって、艶麗多彩を極めた画面は画家の手によってさえ再現できるものではない。「鈞瓷に対無し、窯変に双び無し」「窯に入るるは一色なれど、窯を出づれば万彩たり」の語句は鈞窯窯変の真髄をよく伝えているといえる。

　収集ということに関して言えば、それは収蔵家各個人の考え方や経済力等々の条件にもよるが、おおよそ体系的な収集法と重点的な収集法との2種に分けられる。体系的な収集では草創、発展、隆盛、復興と鈞窯の各発展段階の代表作品（現代の倣造の精品も含まれる）の数々が対象とされる。各時代の器形や釉色の特徴を網羅した収集は、もし完成すれば鈞窯の全貌を表わすものとなるであろうが、それには充分な経済力が必要であるばかりか、そうした作品とめぐり合う機会に恵まれなければ決して実現することはない。とはいえ体系化という意識をもっ

た収集の態度は、鈞瓷の歴史的な変化の様相ということに関してトータルな認識を得るのに大いに役立つことはもちろん、収蔵家の眼もその過程で鍛えられるであろうことは間違いない。一方、資力や精力に限りのある一般の収蔵家の場合はどうであろうか。体系的な収集は難事とはいえ、条件と能力の許す範囲で、例えばある時代の作品またある形のものと目標を絞って重点的な収蔵を目指すことは可能であり、少数精鋭に徹することもできよう。そこから得られる知的興奮や美的享受は前者に勝るとも劣らないものとなるはずである。

◇

結び

　鈞瓷は晩唐に誕生し北宋に隆盛期を迎え、汝窯、官窯、哥窯、定窯などと肩を並べて五大名窯のひとつに数えられるまでになっていく。その後、金、元の時期を経て元末以降になると華北の陶瓷生産は一般に不振をかこつようになるが、南方の窯場で静かに広がりつつあった鈞瓷倣造の気運は一勢に形を得て表舞台に登場し始めるのである。それらは装飾技法の面で鈞窯と深く関係づけられるが、銅紅釉の安定した発色や神奇な銅紅窯変釉などは鈞窯の創意によるものなのである。これは銅が還元焼成によって発する色で、複雑微妙な窯変反応によって息をのむような艶麗な釉色が現れる。古人はその変幻艶麗な器面から受けた感動をいくつかの詩句に託して形容する。

　「緑なること春水に初めて日の昇るが如く、紅なること朝霞の時を上せんと欲するに似たり」「夕陽が紫翠も忽ち嵐と成らん」。

　鬼斧神工の人知を超えた窯変を評しては、
　「窯変の器に二有り、一は天工が為し、一は人巧の為すところなれば、其の天工に由る者、火生幻化し天然にて成り……」。

と嘆声をあげるよりほかはない。

　釣瓷はその独特の銅紅窯変釉で陶瓷器の賞玩に全く新しい感覚を持ち込んだ。それはさまざまな高温色釉が創案されていく契機になると同時に、器面装飾の点でも中国陶瓷の発展に計り知れない影響を与え続けてきた。

　今日釣瓷の生産は科学、考古、作陶家の協力体制を得て、原料の調製、製作技術、窯体構造、焼成工程、窯変の制御など宋代の製造方法を分析しながらその再生が試行され、宋代の風格を具えた伝統工芸品の焼造が行われるとともに現代の感覚と技術を結集した高大な瓷瓶の製作をも成功裡に達成している。こうしてかつての輝かしい釣瓷の伝統は今によみがえり、さらなる青春の時を謳歌するかのように新たな光を放ち続けているのである。

第6章　図版解説

禹州古鈞台　　　　　　　　　　　　　　（カラー図版1）

　古文献に「夏の啓に鈞台の享有り」の記載がある。それによって鈞台は夏の禹子啓が即位の宣誓を行った記念の場とされた。

　古鈞台はもと禹州城の南7.5キロの鈞台坡にあり、歴代各朝の官吏たちの参詣は途絶えることがなかった。しかし交通が不便だったので唐代以降に禹州城の北門を入った場所に禹王廟が建てられたことから、いっそのこと城南の古鈞台も廟の前の山門に移設しようということになり、台観が築かれてそれが鈞台と呼ばれるようになった。清代には台の上に2層の楼が立てられ、古代に憧れを抱くある県令は毎日日暮れに台に登り、太師椅［庁堂に用いられる背もたれ肘掛けのついた大型の椅子］に座して西山（神垕）の窯煙を眺めたという。沈む夕陽は翠緑の山色から天に通じて登り起つ煙火の様を映し出す。一幅の絵画のような光景を眼前にした感動は賛嘆の言葉となって県令の口を衝いて出る、「名を得るは夏に始まり、古を懐ひて幾登台す」。部下はその意を察して盛んに褒めそやす「県知事様の該博な知識にはいつも驚かされます。声を発すればたちまち名文秀句が作られます。その両句を対聯に刻写して山門に掛け永く紀念とされたらいかがでしょうか。ぜひ古い聯に替えられんことを」。この進言に大喜びで同意した県令は門楣の上壁にも「古鈞台」という珍しい3字の横額まで付け加えた。当時の刻字は現在まで大きな損傷もなく保存されている。しかし市街区がめざましく発展するようになると旧山門建築

は市内の主要道路のひとつに近接していたために交通の障害となるなど問題が生じてきた。

　文物古跡の保護と観覧の便を考慮して禹州市政府は、古鈞台を解体撤去して以前より15メートル後方に移築することを決定し、そのための特別予算が編成された。宋代には鈞台の近くに窯が築かれたことから窯場もまたその製品も鈞窯と呼ばれることになった。考古発掘の結果、宋、徽宗代に官窯が置かれもっぱら宮廷に向けて御用瓷器が焼造されたことが明らかになり、宋鈞官窯と名づけられた。すなわちそれが鈞台窯である。宋鈞官窯遺跡は国務院によって全国重点文物保護単位の指定を受けた。今日、古鈞台と鈞台窯はすっかり禹州の観光名所となっている。

黒釉　彩斑水注　　　　　　　　　　（カラー図版2）
　　唐時代　高：22.4cm　上海博物館

　口縁下に突帯を設らえた平縁鼓腹の水注。肩の一方に短い注口を付け、それと対称の位置に扁平な把手を湾曲させて取り付ける。下地の黒釉上に天藍色の彩斑が筋を引きながら大きく表されている。施釉は裾で止められ、露胎部の胎土は灰色で粒子は粗く黒い点々が認められる。やや厚手の造りや豊満な造形など唐代陶瓷の典型的な性格が感じられる。河南省魯山段店窯の産と考えられる秀作である。

黒釉　白斑双耳瓢形瓶　　　　　　　（カラー図版3）
　　唐時代　高：21.0cm　汝州市汝瓷博物館

　口を玉縁に作り、深くくびれた頸部をもつ瓢形の瓶で、両肩対称の位置に双耳が付けられている。機知を感じさせる巧みな造形が印象的である。黒釉上に白斑を施す釉彩で、地釉と熔け合って雨脚のようなだれを見せる窯変斑は宋代鈞窯窯変を思わせる。こうした花釉が宋鈞窯の

窯変技術の先蹤であることは間違いなく、'唐鈞'の名で呼ばれることもある。晩唐期の郟県黄道窯の典型的な性格を備えた佳作である。

鈞瓷破片　　　　　　　　　　　　　　（カラー図版4）
　　河南省文物考古研究所

　鈞瓷は唐に始まり宋に盛期を迎え、金、元に復興したという歴史をもっている。また鈞瓷の焼造は各地へと広がり鈞窯系というひとつの窯群を形成するまでになるが、原料や技術などの条件や時人の好みの相違によって各時代それぞれの特色をそなえている。唐代では器壁は比較的厚手に作られ、造形は豊満で、黒釉に藍色の彩斑や雨脚状の花釉が好まれた。宋代早期になると造形は一段と規整のとれたものとなる。ムラなく施釉された釉肌には艶やかな輝きがあり、細かい貫入が器面に広がるものが人気を博し、さらには宮廷でも大いに愛好されるようになった。

　北宋晩期になると鈞瓷は宮廷の管理するところとな

り、禹州城内の古鈞台附近に官窯が設置されもっぱら御用瓷器の焼造が行われた。宮廷の経営ともなれば原価意識は薄く、製作のあらゆる面で奢侈豪華がモットーとされる。宮廷の注文も特に厳しく、それだけに供進された作品はいずれも丁寧な作りで器形は端正にして荘重、釉色も豊かで、美妙な窯変は紅紫をはじめ各色が照り輝くという鈞窯ならではの表現が完成し、五大名窯のひとつに挙げられるまでになる。

　鈞瓷の盛名が高かったので、宋朝南渡後、一時衰微した金の時代となっても窯場を回復しようとする動きは当然起こってくる。しかし官窯は破壊され陶工の主だったものは南へ逃れ去り、鈞瓷焼成の技術はほとんど失われた状態で、金代の鈞瓷は宋代の作に大きく見劣りするものであった。胎土は粗く、施釉も裾辺りで止められ、胎土中には鬆の発生がしばしば見られ焼成温度も充分でないなど、いずれもこの時代の特徴となっている。元代になると鈞瓷の回復に大きな努力が費やされ、とりわけ窯変彩斑の効果に関心が向けられた。しかし配合の不調や火度不足などのために宋鈞窯変の再現は難しく、人為的に彩斑を塗布するという便法が採られるようになる。結果として大量の団塊状の彩斑が現れるようになりはしたが不自然さは免れ難く、赤黒い雲がたれこめた器面の印象は、宋鈞の自然で興趣溢れる画面とは遠く隔たったものとなっている。

粉青釉　粉紅斑碗　　　　　　　　　　（カラー図版5）

　　宋時代　高：8.7cm　口径：15.0〜15.2cm　台北故宮博物院
　弧を描きながら大きく口部を開いた碗で、口縁先端は丸く修整し、底部は小さ目の輪高台となる。粉青色の地釉に窯変による粉紅色の彩斑が大きく浮かび上がっている。古樸な造形、周到な製作、美妙な窯変、絢麗な彩斑と宋鈞窯変の条件を具備した精品である。

月白釉　紫斑葵形碗　　　　　　　　（カラー図版6）
　　宋時代　高：5.0cm　口径：6.5cm　北京故宮博物院

　弧状の輪郭を描いて開く小ぶりの碗で、底部は小さめの輪高台となる。碗身と口縁に刻み目を入れて全体を一輪の花の形に仕立てている。卓抜な意匠と丁寧な製作が調和した作品で、器面を覆う月白釉に紫色の彩斑も華麗である。品格、色彩、輪郭、釉調のいずれをとっても高い完成度を示したいかにも宋鈞らしい作品である。

月白釉　碗　　　　　　　　　　　　（カラー図版7）
　　宋時代　高：9.0cm　口径：22.0cm　山西省考古研究所侯馬工作站

　高台を除き全体に月白釉が施された大ぶりの碗。ムラなく熔けた純浄な釉は光沢に富み貫入で覆われている。簡潔な製作としっとりとした釉肌は大らかな造形と調和して洗練された作風をみせている。

月白釉　鉢　　　　　　　　　　　　（カラー図版8）
　　宋時代　高：6.4cm　口径：27.2cm　1978年河南省長葛石固宋代窖蔵出土　河南省文物研究所

　口縁を内に抱え込み気味にした鉢で、口部先端は丸く修整されている。側壁は弧を描いてすぼまり、内定は平たく外には低い輪高台が作られる。底部には5個の目跡が残されている。高台以外の全体に天青釉が施され貫入が生じている。口縁部の釉は薄く、器壁の釉の厚い部分は涙痕状の縞目となっている。ゆったりとした器形で製作は丁寧である。口縁が紫色、高台露胎部が鉄銹色という紫口鉄足の特徴に近く、天青色の釉も艶やかな光沢を見せ、宋代鈞瓷の完好な作例のひとつに挙げることができる。

澱青釉　碗　　　　　　　　　　　　　　（カラー図版9）
　　宋時代　高：7.5cm　口径：17.8cm　北京故宮博物院

　口部を大きく広いた弧腹の碗で、底部には輪高台が作られる。ゆったりとした器形で、気勢あたりを払うという趣をもつことから俗に'羅漢碗'とも呼ばれる。全体に施された澱青釉もムラなく熔けて艶やかな色彩を見せ細かい貫入が走っている。丁寧な作りの、よく整った形姿の碗で、宋代鈞瓷の秀作である。

澱青釉　小碗　　　　　　　　　　　　（カラー図版10）
　　宋時代　高：3.7cm　口径：5.5cm　北京故宮博物院

　半球状の丸々とした輪郭の小碗で、底部には小さい輪高台が作られる。手練の技はこうした小品にも見え、器表を覆う澱青釉に小さな彩斑を浮かべる意匠も絶妙の効果を生んでいる。同類の作例の中でも特に印象深い小碗である。

澱青釉　深鉢　　　　　　　　　　　　（カラー図版11）
　　宋時代　高：15.0cm　口径：17.8cm　北京故宮博物院

　穏やかな曲線を描きながら口部に向かって内傾する美しい輪郭をもった深鉢で、底部は小ぶりの輪高台になっている。高台を除き失透気味の澱青釉が施され、品格のある淡青の呈色をみせる釉肌は洗練された器形と見事に調和している。宋代民窯鈞瓷の中でも出色の出来映えといえる。

天藍釉　紫斑輪花碗　　　　　　　　（カラー図版12）
　　宋時代　口径：23.9cm

　口部を大きく開いた碗で、側壁は弧を描きながら小さな輪高台の底部へ絞られる。口縁は細かい花弁形すなわち輪花状に作られ、器表は天藍釉で覆われ、紫色の窯変斑が表わされている。意匠性に富んだ器形は精細な技工

に支えられ、窯変の色調形状も釉色と相まって器面を華やかに飾っている。宋代鈞瓷の上乗の作例である。1994年、香港サザビー売立の出品作。

天藍釉　盤　　　　　　　　　　　　　　（カラー図版13）
　宋時代　高：3.5cm　口径：27.2cm　河南省文物考古研究所
　弧を描いて開いた浅目の盤で、底部には低い輪高台が作られている。高台畳付きを除いて全面に掛けられた天藍釉は潤いのある光沢をみせる。畳付きには芝麻醬色の釉が塗られ、高台内に5個の支え目を置いて焼成されている。丁寧に作られた端整な姿が印象的である。

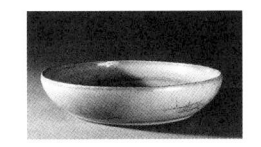

澱青釉　紅斑盤　　　　　　　　　　　　（カラー図版14）
　宋時代　高：3.2cm　口径：18.1cm　北京故宮博物院
　鐔縁に作った平底の浅皿。品格を感じさせる瀟洒な器形は淡青の釉色に紅斑を散らして単調になりがちな器面に変化を与えているが、決して華美に過ぎることはない。失透気味の澱青釉から浮かび上がった紅斑も靄を含んで落ち着いた色調に現れ、彩斑の形状も自然で品格のある美的情趣にあふれている。

澱青釉　紅斑盤　　　　　　　　　　　　（カラー図版15）
　宋時代　高：3.0cm　口径：18.0cm　北京故宮博物院
　すっきりとした形の盤で釉調も完好である。見込中央に窯変の赤色斑が澱青釉の中に現れ、静謐な印象を与える。シンプルな器形と釉色が見事に調和した佳品。

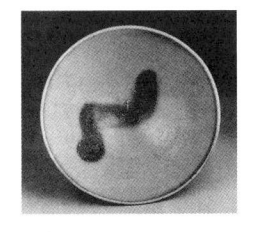

澱青釉　紅斑盤　　　　　　　　　　　　（カラー図版16）
　宋時代　高：3.0cm　口径：18.0cm　北京故宮博物院
　鐔縁の浅い皿形で平らな底部に輪高台が作られる。器面を覆う澱青釉に紫紅色の彩斑が不規則に現れている。丁寧に作られたシンプルな器形で、淡青釉に華やかな彩

斑が映えている。実用に即した器形に装飾性が見事に融け込んだ伝世鈞瓷の珍品である。

玫瑰紫釉　盤　　　　　　　　　　　　　（カラー図版17）
　　宋時代　高：4.0cm　口径：17.5cm　北京故宮博物院
　端反り気味に開いた口縁部を平らに広げた浅目の盤で、底部は小ぶりの輪高台に作られる。裾に稜をつけて側壁の傾斜を変化させる折腰形と呼ばれる形で手慣れた造形である。製作は丁寧で器面をムラなく覆う玫瑰紫釉の発色も鮮麗である。宋代鈞瓷の完好な作例のひとつ。

月白釉　稜花盤　　　　　　　　　　　　（カラー図版18）
　　宋時代　高：2.5cm　口径：19.0cm　北京故宮博物院
　鐔縁に作られた浅目の皿で、平らな底部には小ぶりの輪高台が付けられる。口縁を稜花形に作って大輪の蓮花の姿を表している。高台を除いて全面に施された月白釉はムラなく熔けて穏やかな光沢を含み、淡雅な釉色は蓮花の吉祥の寓意を際立たせている。小気味よい律動感を見せる瀟洒で精緻な盤で、実用と美感を一体化させた宋代鈞窯の好例である。

月白釉　盤　　　　　　　　　　　　　　（カラー図版19）
　　宋時代　高：4.0cm　口径：21.0cm　北京故宮博物院
　先端を丸く修整した口縁部を立ち上げ気味にした平底の浅皿形で、底は輪高台である。丁寧な作りの均整のとれた器形で、器面を覆う月白釉は滑らかで艶やかな肌を見せている。単純な器形であるが、輪郭線の美しさは宋鈞ならではの完成度の高さを示す。

澱青釉　盤　　　　　　　　　　　　　　（カラー図版20）
　　宋時代　高：3.0cm　口径：17.4cm　北京故宮博物院
　口縁を端反り気味にした平底の浅皿で、底部には小さ

目の高台が付く。簡樸な器形であるが製作は丁寧で、高台を除いて全面に施された澱青釉は艶やかな光沢を見せて淡雅な雰囲気を醸し出している。こうした作にこそ鈞窯の水準の高さがうかがえる。

玫瑰紫釉　鼓釘三足洗　　　　　（カラー図版21）
　　宋時代　高：9.0cm　口径：23.0cm　上海博物館

　口部に円い縁取りを幅広く作り出した浅目の盤で、平底に如意頭形の3足が付けられる。口縁下と胴下部に円点を貼り回らした様は太鼓の皮止めの鋲打ちを思わせる。底部に「一」刻記をもつことから同番号の花盆に配されたものと考えられる。荘重で古樸な造形は丁寧な作りと相まって典雅な品格をも兼ね備えている。器肌は潤いと光沢を含んでしっとりと、釉は滑らかに熔け、窯変も美しく豊かな玫瑰紫色を現出している。造形といい、釉色といい、鈞窯の魅力を存分に示した宮廷御用品中の逸品。

玫瑰紫釉　鼓釘三足洗　　　　　（カラー図版22）
　　宋時代　高：9.1cm　口径：24.3cm　北京故宮博物院

　口部に断面が方形をなす厚い縁取りを作り出した浅い盤形の洗で、側壁は弧を描きながら絞られ、底部には如意頭形の足が付けられている。口縁部と胴の下端に乳釘状の円点文をめぐらすところが張りのある胴部の形もあって、太鼓の皮の鋲止めを思わせることからこの名がある。古樸な器形、装飾ともに創意が感じられる作品で、器面を厚く覆う玫瑰紫釉も艶麗である。宮廷の御用品として製作された鈞瓷の精品。

月白釉　鼓釘三足洗　　　　　　（カラー図版23）
　　宋時代　高：9.0cm　口径：25.5cm　台北故宮博物院

　口部に厚い縁取りを作った浅目の盤で、側壁は弧を描

いて下方におさまり、平底に如意頭形の3足が付く。図21・22同様口縁下と胴下端の周囲に乳釘状(リベット)の円点を貼りめぐらす。こうした洗は単独で筆洗として用いられると同時に、同類の花盆を承ける托盤としても使われた。簡樸な中にも規整の感じられる製作で、総釉に表わされた月白釉も清純かつ艶やかな肌に焼き上げられ独特の風情がある。

玫瑰紫釉　鼓釘三足洗　　　　　　　　（カラー図版24）
　宋時代　高：9.5cm　口径：24.2cm　北京故宮博物院

　角張った厚手の口縁を作る平底盤状の洗で、底部には如意頭形の3足が付く。図23とよく似た形で用途も同様である。

玫瑰紫釉　海棠形盆托　　　　　　　　（カラー図版25）
　宋時代　高：4.7cm　口径：17.5cm　上海博物館

　広げた口部を鐔縁に作る浅い盤形で、全体は海棠花の四曲形に作られる。明快で華やかな輪郭を強調した器形で、四曲の切り込みは深く、平底各円弧の頂端に如意頭形の4足が付けられる。底に「七」の刻記があり、同類の「七」の刻字をもつ花盆の盆托として使用したことが考えられる。器面を覆う釉は器の内外での焼成条件の違いにより、内面は天藍色、外面は窯変玫瑰紫釉となっている。多彩な釉色の中に'蚯蚓走泥文'が浮き上がり、釣瓷窯変釉の魅力が遺憾なく発揮されている。

天青釉　六角水仙盆　　　　　　　　　（カラー図版26）
　宋時代　高：6.0cm　口径：13.7×20.6cm　台北故宮博物院

　口部の大きい鐔縁の浅目の盤で、全体を六角形に作り、平底に如意頭形の足が付けられている。器面を覆う天青釉は窯変によって浅紫色を呈し、釉肌は清純で艶やか、釉色は豊麗かつ清新な美しさを見せている。こうした水

仙盆も実際は同形の花盆の盆托として用いられたものと思われる。変化のある器形を口縁の強い輪郭で引き締める意匠力は見事で、釉色もよく調和している。宋鈞官窯の代表作と言ってよい。

玫瑰紫釉　葵花形盆托　　　　　　　　　（カラー図版27）
　宋時代　高：7.7cm　口径：23.5cm　北京故宮博物院

　鐔縁とした口縁をはじめ全体を葵花形にした浅目の盤で、平底に如意頭形の3足が付く。同類同番号の花盆と組み合わせ用いられるもので、器形、製作、窯変、釉調と宮廷御用品の要件を完全に備えた精品である。

天藍釉　葵花形盆托　　　　　　　　　　（カラー図版28）
　宋時代　高：7.5cm　口径：22.7cm　台北故宮博物院

　大きく開いた口部に鐔縁を作る浅目の盤で、平底に如意頭形の三足が付く。口縁と器身に刻み目を入れ、その間を凹曲線の輪郭に作って全体を一輪の葵花の形に仕立てている。こうした盆托も同形の花盆に添えて用いられた。古樸な品格の器形、丁寧な製作で、器面を覆う玫瑰紫色の窯変は艶やかな肌と鮮麗な色彩で眼を奪う。巧みな構成と意匠の作品である。

玫瑰紫釉　葵花形花盆　　　　　　　　　（カラー図版29）
　宋時代　高：15.8cm　口径：22.7cm　北京故宮博物院

　全体を葵花形に作る深鉢形の盆で、底に高台を作り、底面には5個の小孔が開けられている。総釉は窯変によって彩霞を思わせる艶麗な玫瑰紫色に染められている。禹州鈞台窯を代表する作例である。

天藍釉　葵花形花盆　　　　　　　　　（カラー図版30）
　　　宋時代　高：10.5cm　口径：17.0cm

　口部を鐔縁状に作った深鉢形の花盆で、側壁はほとんど直線的に傾斜して平底の高台へと続いている。底には5個の小円孔が開けられ、「五」の刻記が入れられている。同種同番号の盆托と組み合わせたものであろう。口縁から器身に至るまで葵花形に意匠化され、器面を覆う天藍釉は清純で艶やかな光沢を見せている。丁寧な製作、穏やかで品格のある器形、総釉とされる点など宋代鈞窯の宮廷御用品に共通して見られる特質であり、中でも印象深い精品のひとつ。1986年香港ササビーの売立の出品作。

海棠紅釉　蓮花形花盆　　　　　　　　　（カラー図版31）
　　　宋時代　高：18.0cm　口径：27.0cm　　北京故宮博物院

　鐔縁状に作った大きな口部をもつ深鉢形。側壁はほぼ直線的にすぼまって高台のある平らな底部へと続いている。口縁と器身に刻み目を入れて全体を蓮花形に仕立てている。通身に施された釉は窯変によって鮮やかな海棠紅に発色し、荘重で品格のある器形と相まって見事な視覚効果を演出している。器面を覆う釉色はあでやかで、百花緑葉と妍を競ったに違いない。見事な構想力と入念な製作を兼ね備えた宋鈞官窯の名品である。

玫瑰紫釉　海棠形花盆　　　　　　　　　（カラー図版32）
　　　宋時代　高：12.0cm　口径：12.8cm　　北京故宮博物院

　直線上に開いた鐔縁の盆で、平底の四方に如意頭形の足がつく。平面楕円形の器身4ケ所を窪ませて木瓜形の器身を作り、玫瑰紫色の施釉は滑らかに熔け、釉面は細かな貫入に覆われる。器身の輪郭も流暢で、宮廷御用の花盆にふさわしく気品と華やかさを兼ね備えた佳品。

葡萄紫釉　長方形花盆　　　　　　　　　（カラー図版33）

宋時代　高：14.7cm　口径：22.6cm　北京故宮博物院

　直線上に開いた鐔縁方形の深鉢で、底面に5個の小孔を開け四隅には如意形の足が付けられる。瀟洒な器形に艶麗な釉色が映える。宋鈞官窯の水準を示す作例。

海棠紅釉　六角形花盆　　　　　　　　　（カラー図版34）

宋時代　高：14.3cm　径：24.5×14.3cm　1974年禹州鈞台窯跡出土　河南省文物考古研究所

　口部を直線的に開く六角形の花盆で、口に平縁を作り、平らな底部の角ごとに如意頭形の足が付けられる。盆底には小孔6個が開けられ、「六」の刻記をもつ。同種同番号の盆托が添えられたものであろう。端正な器形で釉色も美しい。紅紫の入り混じった窯変の鮮艶な色調にも当時のすぐれた技がうかがわれる。鈞台窯の成功例のひとつ。

澱青釉　長頸花盆　　　　　　　　　　　（カラー図版35）

宋時代　高：22.5cm　口径：23.5cm　中国歴史博物館

　36と同じ形である。各部分を明確に区分した規整のとれた造形で、丁寧な製作ぶりは清純な釉色に至るまで貫徹し、格別な趣の作品となっている。宋代官鈞の優品のひとつである。

海棠紅釉　長頸花盆　　　　　　　　　　（カラー図版36）

宋時代　高：18.5cm　口径：20.1cm　北京故宮博物院

　開いた口部に向かって頸部を反らせ、偏球形の胴部を裾広がりの輪高台で承ける尊形の花盆で、底には5個の小孔が開けられている。窯変の効果は類品の中で抜きん出て鮮艶である。天青と海棠紅が美しい諧調を見せる中に細かい貫入が器面を埋め、'蚯蚓走泥文'の変調がひび割れのように見え隠れしている。宋鈞ならではの鑑賞

上の要件を備えた花盆で、美しい窯変の釉色はもとより、これだけ見事な完成度を示す作例は珍しい。

玫瑰紫釉　仰鐘形花盆　　　　　　　　　（カラー図版37）
　　宋時代　高：17.0cm　口径：23.0cm　北京故宮博物院

　弧を描きながら口部を開き端を丸く修整した深鉢形で、小さめの平底には小孔が開けられ、裾を開いた輪高台に作られている。全体の形は鐘を仰向けにした姿に似る。器面を覆う玫瑰紫釉は柔らかな潤いに満ちた質感をたたえ、窯変は濃淡の変化を含んだ奇観を現出する。宋鈞窯変の中でも印象に残る作品である。

玫瑰紫釉　仰鐘形花盆　　　　　　　　　（カラー図版38）
　　宋時代　高：22.3cm　口径：28.1～28.7cm　台北故宮博物院

　口縁を端反り気味に開いた深鉢形の花盆で、胴部は下方にすぼめられ平らな底部に小孔を穿ち、裾を開いた輪高台が作られる。丁寧な作りの花盆で、器面を覆う玫瑰紫の発色も鮮艶、釉肌もしっとりとして滑らかである。意匠・製作・配色と三拍子揃った宋鈞官窯の秀作である。

月白釉　胆瓶　　　　　　　　　　　　　（カラー図版39）
　　宋時代　高：28.0cm　口径：5.0cm　北京故宮博物院

　細く長い頸部は玉縁状の口部から直線的にくびれながら撫で肩へと移り、流れるような曲線に変じて下膨れの胴部へと続き、底部は輪高台をなす。高台を除き全身に月白釉が施される。めりはりのある器形は製作も精細で、ムラなく熔けた釉色も美しい。荘重にして典雅な瓶で、熟練の技倆のみが生む品格さえ感じられる。宋鈞官窯の上作である。

天藍釉　紫斑如意形枕　　　　　　　　（カラー図版40）
　　宋時代　高：13.4cm　面径：19.9×31.0cm
　　底径：19.0×27.9cm　　台北故宮博物院

　前面を凹曲線、後面を尖頭形にして全体を如意頭形に意匠化した平底の枕で、枕面はわずかに窪み前部から後部に向けて勾配が付けられている。底部を除き全面に天藍釉が施され、窯変による紫色の斑彩が現れている。美観と実用性を一体化した宋代鈞瓷の佳作といえよう。

月白釉　出戟尊　　　　　　　　　　　（カラー図版41）
　　宋時代　高：24.5cm　口径25.1cm　台北故宮博物院

　ラッパ状に大きく開いた口頸部、鼓形の胴部と裾を開いた台脚部からなる古代の青銅尊に倣った器形。頸、胴、台脚それぞれの四方に長方形の稜飾を付け、その形が戟［矛と戈を組み合わせた長柄武器］を思わせることからこの名がある。端正荘重な器形は熟練の技工で作り出され、月白色の総釉は窯変によって米色を呈し、温和な光沢で器全体を包んでいる。こうした造形を通して宋朝宮廷が御用鈞瓷に求めた高い水準と難題に立ち向かった陶匠の栄知と技倆をうかがい知ることができる。稀世の名品として高く評価すべきである。

月白釉　出戟尊　　　　　　　　　　　（カラー図版42）
　　宋時代　高：32.6cm　口径：26.0cm　北京故宮博物院

　41と同様の器型で、総身に月白釉が施される。荘重で品格のある器形で精巧に製作されている。稜飾の突出はムラなくかけられた淡い月白釉の優美な器面に適度な変化と緊張を添えている。数少ない傑作の名に値する作品。

天藍釉　碟　　　　　　　　　　　　　（カラー図版43）
　　宋時代　高：3.5cm　口径：13.6cm　台北故宮博物院

　丸縁の口の大きな浅皿で、器壁は弧を描いて底部に向

けて絞られ、平らな底部には輪高台が付く。全面に掛けられた天藍釉は窯変によって、葡萄紫色の釉調を見せている。丁寧な製作、規整の感じられる器形、艶麗な釉色、宮廷御用の性格を遺憾なく表わした優品である。

天藍釉　環耳洗　　　　　　　　　　　（カラー図版44）
　　宋時代　高：7.0cm　口径：17.0cm　1966年開封市収集。河南博物院

　北宋早期に禹州劉荘窯で焼成されたと考えられる洗である。大きく開いた口部をやや立ち上がり気味に作る鉢形円底の洗で、口縁片側に鶏冠状の張り出しを付け、その下に環形の耳を付けている。均整のとれた美しい姿は精細な成形によって達成され、総釉の天藍色も艶やかな光沢を見せている。この器形の遺例が禹州神垕の劉荘窯跡から発見されており、北宋早期の鈞窯を代表する作例と言うことができる。

澱青釉　八角龍首杯　　　　　　　　　（カラー図版45）
　　宋時代　高：3.5cm　口径：10.0cm　上海博物館

　口縁をわずかに内に抱え込んだ平底の杯で、全体を八面取りとして口縁の一端に龍形の把首を付けている。さまざまな器種に挑んでいく旺盛な作陶活動が感じられる。丁寧に作られた杯で柔らかな輪郭に包まれている。喫茶具の一種と考えられる。

澱青釉　盞托　　　　　　　　　　　　（カラー図版46）
　　宋時代　高：6.0cm　口径：6.0cm　北京故宮博物院

　碗盞をのせる上部の杯形［酸漿(ほおずき)］、円盤状の托［羽(はね)］、高台からなる盞托で、杯には小底が作られ内部は貫通しない。高台を除き全面に澱青色の釉が掛けられている。複雑な意匠を無理なく消化して魅力的な小品に仕上げている。喫茶の流行を反映した作品である。

天藍釉　蓋付鉢　　　　　　　　　　（カラー図版47）
　　宋時代　高：26.6cm　口径：17.5cm　中国歴史博物館

　口部に向って内に抱え込み気味にした直壁瓜形の深鉢で、裾部は弧を描いて小さ目の輪高台へと続いている。上部には盤を伏せた形の蓋がついている。高台を除いて総掛けされた天藍釉はムラなく熔けて艶やかな光沢のある肌を見せている。ゆったりとした造形に瓜割りの加飾が好ましい。蓋を配するのも実用への配慮と思われ、器形・釉調ともに完好な出来映えを示す宋代鈞瓷の貴重な作例である。

月白釉　双耳三足香炉　　　　　　　　（カラー図版48）
　　宋時代　高：13.0cm　口径：13.0cm　上海博物館

　口部を折り縁(ぶち)とした香炉で、直立した短い頸部と丸味の強い胴部からなり、底部に如意頭形の3足を付け、肩から口縁に双耳を立てている。堂々とした器形で、各部の均整や輪郭をまとめる構成力にも手慣れた技倆がうかがわれる。民窯製の上々の作。

天藍釉　三足香炉　　　　　　　　　　（カラー図版49）
　　宋時代　高：13.0cm　口径：14.0cm　1962年禹州黄荘出土
河南博物院

　折り縁直口の口造りで、直立する頸部はやや扁平な球形の胴に続き、底部は円底で下に三足が付けられている。端正な形姿の香炉で、胎土は細かく滑らか、足の接地部以外全体に掛けられた天藍釉は潤いのある光沢を見せている。全体に丁寧な製作態度がうかがわれる北宋早期民窯の精品である。

澱青釉　三足香炉　　　　　　　　　　（カラー図版50）
　　宋時代　高：4.5cm　口径：6.3cm　北京故宮博物院

　幅広の円縁を外側に張り出して作る細頸鼓腹の三足香

炉。小品ではあるがおっとりとした器形は鈞窯ならではのもの。足の部分を除き全面にムラなく施された釉は貫入で覆われている。精良な香炉の遺例である。

天青釉　紅斑瓶　　　　　　　　　　　　（カラー図版51）
　　金時代　高：29.1cm　イギリス・デヴィッド・コレクション
　細く直線状に開いた長頸を根元で強くくびらせた瓶で、胴部は下膨れとなり、底部は輪高台である。天青色の総釉は鮮やかな紅斑で覆われている。秀抜な造形が印象的で、艶麗ともいえる窯変の彩斑も感興を深めている。丁寧な作柄で、金代の鈞瓷を代表する得がたい優品である。

天藍釉　紫斑双耳壺　　　　　　　　　　（カラー図版52）
　　金時代　高：10.8cm
　強い胴張りをもつ鼓腹に短い口頸部を直立させる壺で、底部に小さい輪高台を作り、肩から頸部の根元に環状の耳を左右対称に付けている。高台を除き天藍色の総釉で、胴部には紫紅色の彩斑が大きく現れている。厚味を感じさせる天藍の地釉と紫紅色の対照の妙は鈞窯ならではのもの。金代鈞窯の精品である。1994年香港ササビー売立の出品作。

藍釉　紅斑印花菊唐草文盤　　　　　　　（カラー図版53）
　　金時代　高：2.9cm　口径：19.0cm　1992年禹州市西関窖蔵出土　河南博物院
　口縁を輪花形に作る浅皿。見込みには型押しで三輪の菊花を唐草状の意匠に表わし、内壁には区画を分ける稜線が浮き出ている。器面は藍釉で覆われ、内底、内壁、口縁には不規則に紫紅色の彩斑が現れている。高台は露胎で高台内に3個の目跡が残されている。

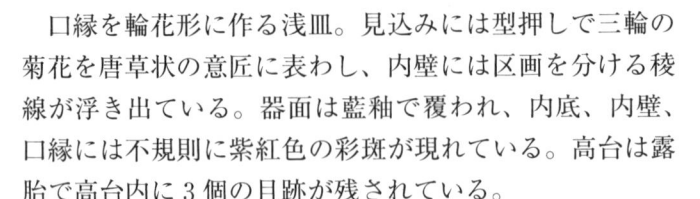

天藍釉　双耳三足香炉（己酉年銘）　（カラー図版54）
元時代　高：42.7cm　1970年内蒙古自治区呼和浩特市出土
内蒙古自治区博物館

　口部を折って平らな縁を作り、直立する短い頸部は丸味のある胴へと続き、底部には獣形の3足が付けられている。口縁から肩には方形板状に獣形を組み合わせた双耳が作られ、頸部に三頭の麒麟、胴部に鬼面鋪首と強い装飾性が示され、器面を覆う天藍釉は激しいなだれを見せて荒々しいまでの動感を表している。頸部に方額を設えて「己酉年(1309)九月十五小宋自造香炉一个」の銘文を記している。過剰ともいえる装飾性の中に豪放な気迫を見せる大作で、紀年を有する点でも元代鈞瓷の作風を知る上で貴重である。

澱青釉　紫斑双耳三足香炉　（カラー図版55）
元時代　高：34.5cm　上海博物館

　54と器制を同じくする大型の香炉で、頸部と肩にはそれぞれ'双虎向葵''虎頭銜環'〔獣頭が環を銜えた鋪首〕の型抜き文様が貼り付けられている。足端を除き全面に澱青の釉が施され、虎頭の部分は紅紫色の彩斑で飾られている。荘重な気迫のこもった器形、装飾で、釉色や彩斑の設計も躍動感がある。豊富な内容を破綻なくまとめ上げたところに元代鈞窯の技倆の確かさがうかがえる。

澱青釉　双耳三足香炉　（カラー図版56）
元時代　高：23.6cm　北京故宮博物院

　口部を平たく折縁にする香炉で、細目の頸部と偏平な球状の胴をもち、底部には三獣足が付けられている。口縁に板形の耳を立て弧状の獣形飾で肩部につないでいる。頸部と胴部には龍虎の姿を浮き彫り風に表わし荘厳な雰囲気を醸し出している。凹凸のある器表を流れ落ちる淡青の釉調も神威霊妙の感を盛り上げている。

月白釉　双耳三足香炉　　　　　　　（カラー図版57）
　　元時代　高：18.8cm　山西省博物館

　口部を平たく折って縁を鎬状に立てた口造りの香炉で、直頸鼓腹の器体を如意頭形の3足が支えている。頸部に沿って板状の耳を立て環状飾で肩につなげている。器足を除き全面に施された月白釉は滑らかで艶やかな釉肌を見せ、古樸な器形と相まってこの香炉に高雅な品格を与えている。元代鈞瓷の上々の作である。

天藍釉　紫紅斑三足香炉　　　　　　（カラー図版58）
　　元時代　高：10.0cm　口径：8.2cm　1974年新安窯跡出土　河南省文物考古研究所

　口を平らに開き縁を鎬状に立てた口造りで、直立する頸部の下に偏球状の胴部が続き、底部に3足が付けられる。足先を除き天藍色の総釉で、肩から胴部に紫紅色の彩斑が現れている。小器ながら丁寧な作りで古樸な中に荘重かつ典雅な雰囲気が感じられ、紫紅斑の控え目な布置も好ましい。新安窯では元代に鈞瓷に倣った精品が焼造されているが、その中でも上々の出来映えの香炉である。

澱青釉　双耳瓶　　　　　　　　　　（カラー図版59）
　　元時代　高：58.3cm　1970年内蒙古自治区呼和浩特市出土　中国歴史博物館

　口部をラッパ状に開いた長頸の瓶で、紡錘形の胴部の下には透し彫りと獣身で飾った台座が付けられている。頸と肩をつないで湾曲する螭龍形（ちりゅう）の耳を付け、胴部には獣形を貼り付ける。器形は荘重な品格をもち、精細な作りと滑らかな釉色は優美典雅の印象を感じさせる。巧みに意匠化された装飾性に富む類例の稀な元代鈞瓷の精品である。

澱青釉　紫斑双耳瓶　　　　　　　（カラー図版60）
　　元時代　高：63.2cm　北京故宮博物院

　百合口(ゆりぐち)の長頸瓶で肩から上胴部を丸々と膨らませ、裾は底部に向かって長く引き伸ばしたようにすぼめている。肩から頸部に双耳を渡し、胴部に型抜きの鋪首を貼り付け、底部には透し彫りで飾った台座を配している。器表全面を澱青釉で覆い、頸、肩、胴、台座には紫紅色の彩斑が現れている。装飾性に富み荘重な品格を湛えた瓶で、細身の形姿は穏やかな釉彩と相まって優美な印象を与えている。過度な装飾性を感じさせない優れた造形感覚はこうした大瓶に遺憾なく発揮され、元代鈞瓷の中でも高い完成度が示された典雅、精美な作品となっている。

澱青釉　紫斑双耳瓶　　　　　　　（カラー図版61）
　　元時代　高：63.8cm　1972年北京市北城出土　北京市文物管理所

　輪花形を捻り返した百合口に作る長頸の大瓶で、肩から上胴部に丸味を持たせ、裾部は引き伸ばされたように底部に向かって絞られている。肩から頸に獣形の双耳をかけ、瓶の下には透し彫りを加えた台座が添えられている。器の全面に天藍色を主調とする釉が掛けられ、頸、肩、台座の部分には紫、藍、褐の窯変彩斑が現れている。流れるような線をもつ秀麗な器形は技巧を尽くしながらも品格を感じさせる。地釉の発色も良好で、紫、褐が入り混じる窯変も美しい。まさに元代鈞瓷を代表する華麗な作である。

天藍釉　紫斑碗　　　　　　　　　（カラー図版62）
　　元時代　高：8.3cm　口径：14.6cm　1982年洛陽出土　洛陽市文物工作隊

　口を抱え込み気味にした丸々とした輪郭の碗で、底部

は輪高台に作る。器面を覆う天藍色の釉には大きく紫色斑が現れているが、流動することなく色調もやや沈みがちで、青天の一角に赤黒い雲がたれこめている光景を想わせる。こうした印象は元代鈞窯の窯変にはしばしば感じられる。造形は重厚で品格があり、技巧が尽くされている。総釉に浮かぶ彩斑の表現は時代の新風ともいえ、元鈞の上々の作であるといってよい。

青釉　稜花碗　　　　　　　　　　　　（カラー図版63）
　　元時代　高：7.0cm　口径：12.0cm　台北故宮博物院
　半球形の碗で底部には小さ目の輪高台が作られる。口部を花形に作り碗身もそれに応じて稜花形となっている。高台を除いた全面に青釉が施されている。装飾的な器形は技巧が尽くされ、釉調も滑らかである。元代鈞瓷の碗を代表するひとつである。

天藍釉　紫斑鉢　　　　　　　　　　　（カラー図版64）
　　元時代　高：13.0cm　口径：17.2cm　北京故宮博物院
　側壁をほとんど直立させた低目の鉢で、口縁先端は丸く修整されている。裾部に丸味をつけ底部は輪高台に作られる。簡素な器形は釉彩を際立たせるのにふさわしく、器面を覆う天藍釉に紫色斑が大き目に現れている。釉色、彩斑の対比は心地よいリズムを生んでいる。

月白釉　紫斑深鉢　　　　　　　　　　（カラー図版65）
　　元時代　高：15.8cm　口径：16.5cm　北京故宮博物院
　側壁をほぼ真っすぐに立ち上げた深鉢で、裾に丸味を付けて小さな輪高台へとつなげている。高台を除き月白色の総釉で、紫紅色の彩斑が現れている。淡白な地釉に浮かぶ紫紅斑は大き目ながら抑制のある布置を見せ、器面に心地よい律動感を生んでいる。鈞瓷の造形表現を育んできた良質の美意識の伝統はこうしたところにも認め

られる。元代鈞瓷の成功例と言ってよい。

月白釉　紫斑輪花盤　　　　　　　　（カラー図版66）
　元時代　高：2.5cm　口径：13.0cm　山西省大同市博物館

　花形に開いた口縁に合わせて器身にも畝立てを表わした浅皿で、底部は輪高台となる。丁寧に作られた器身を覆う月白釉には紫色の彩斑が現れている。小品ながらも精巧な出来で、魅力あふれる元代鈞瓷の佳作である。

澱青釉　紫斑碟　　　　　　　　　　（カラー図版67）
　元時代　口径：12.2cm　山西省大同市博物館

　口を鐔縁に作った小皿で、小さな輪高台がつく。実用に適した平明な器形で、器面を覆う澱青色の釉に紫色の彩斑が現れている。彩斑の濃さ、大きさと地釉とが均衡のとれた美観を演出している。元代鈞瓷の代表作のひとつである。

天藍釉　紫紅斑碗　　　　　　　　　（カラー図版68）
　元時代　高：6.8cm　口径：10.0cm　1963年鶴壁集窯跡出土
河南省文物考古研究所

　側壁をほぼ真っすぐに立ち上げた筒状の低目の碗で、裾部は弧を描きながら底部の小さ目の輪高台に続いている。高台を除き天藍色の総釉とされ、釉肌は艶やかで潤いのある光沢を見せ、氷割れのような貫入が走っている。紫紅色の鮮やかな窯変彩斑が斜めによぎって器の印象はいっそう目に鮮やかである。河南省北部鶴壁集窯の元代倣鈞瓷の傑作と言ってよい。

天藍釉　紅斑碗　　　　　　　　　　（カラー図版69）
　元時代　高：4.3cm　口径：9.2cm　1988年宝豊清涼寺窯跡出土
河南省文物考古研究所

　口縁を丸く修整する低い直壁の碗で、小ぶりの輪高台

が作られる。高台を除いて器面を覆う天藍釉に紫紅色の窯変彩斑が現れている。熟練の技によって作られた平明な器形で、釉肌も良好な色沢に焼き上がっている。藍色と紫紅の対照もさることながら実用に立脚した造形は清新な雰囲気に富んでいる。宝豊清涼寺の汝窯窯跡からの発掘品で、元代に倣鈞瓷が製作されていたことを今に伝える精品である。

天青釉　蓋付壺　　　　　　　　　（カラー図版70）
　　元時代　高：18.2cm　口径：9.6cm　中国歴史博物館

　わずかに内傾する短頸をもった壺で、丸々と張りのある胴部は底部に向かって強く絞られ、蓮葉形の蓋をともなっている。底部を除き天青色の総釉とされている。厚味のある釉肌は滑らかで光沢があり、重厚感のある器体とともに荘重な趣を演出する。こうした感覚は元代鈞瓷ならではのものである。

澱青釉　紫斑双耳壺　　　　　　　（カラー図版71）
　　元時代　高：10.0cm　口径13.8cm　北京故宮博物院

　半球形の器形に短い頸部を立てた広口の壺で、頸と胴の接ぎ目に小さな双耳を付け、底部は小ぶりの輪高台に作られる。高台を除いて全面に失透性の澱青釉が施され、胴部には三ヶ月形の紫色斑が現れている。白濁した釉調が品格のある器形に絶妙に調和し、紫色の大きめの斑彩は格好のアクセントとして柔和な器面をよく引き締めている。元代鈞瓷の成功作のひとつ。

澱青釉　紫斑蓋付壺　　　　　　　（カラー図版72）
　　元時代　高：11.0cm　口径：5.3cm　中国歴史博物館

　小口で頸部をもたない下膨れの壺で、底部には小ぶりの輪高台が作られ、蕾形の鈕を付けた甲盛りの薄い蓋をともなっている。全体に丁寧に作られた壺で、高台を除

いて総釉された澱青の釉に紫色の彩斑が現れている。茄子を想わす瀟洒な形の壺で、器面の釉彩もいっそう魅力を引き立てている。

月白釉　紫斑壺　　　　　　　　　　（カラー図版73）
　元時代　高：16.5cm　口径：11.7cm　河南博物院
　短い直頸の撫で肩の壺で、偏平球状の胴部裾から強く絞られ、底部には小ぶりの輪高台が作られる。施釉は裾部で止められ肩部に彩斑が現れ、発色は鮮艶さを欠いて暗いが、彩雲が空中に飛んでいるかのような光景を現出している。元代鈞瓷の典型的な作例である。

紅斑釉　蓮花形花盆・盆托　　　　　（カラー図版74）
　現代　通高：15.0cm　口径：22.0cm
　河南禹州鈞瓷工芸美術廠で倣造された作品。鈞瓷の故郷禹州の人々は早くから鈞瓷の復興を夢見てはいたが、清代以降ようやく鈞瓷学校が設立され人材の育成が図られることとなった。清末から民国にかけて鈞瓷の再興を果たした蘆氏の工房では鞴を利用した小型の窯で高温焼成を可能にし、その精良な製品は'蘆鈞'の名で後世まで伝えられている。

　1950年代以降、周恩来総理の特別の配慮のもと製瓷工場の建設が正式に承認され、蘆瓷の継承者蘆光東（1890-1977）を指導者として招聘し有能な助手がつけられた。その中から生まれた作品のひとつがこの宋鈞の美しさにも肉迫する宋式蓮花形の花盆と盆托なのである。整った形、美妙な窯変、艶麗な釉色と宋鈞の要件を満たし、淡青の地釉に大きく浮かび上がった海棠紅の斑彩は眼に眩しいほどに鮮やかである。鈞瓷窯変の到達点を再現した当代の傑作である。

第7章 文献にあらわれた鈞瓷

明、高濂『遵生八牋』燕閑清賞牋（明刻本）

「鈞州窯の製品は朱砂紅、葱翠青〔俗に鸎（鸚）哥緑という〕、茄皮紫がある。紅は臙脂のよう、青は葱翠のようで、紫は墨黒のようである。三者の色が純で少しも変らないものを上品とする。底に一二の数字があって記号としている。猪肝色、火裏紅、青緑が錯雑して流下しているようなものは、すべて上の三色の焼け足りないもので、もともとこの色があるのではない。世間で鼻涕涎、猪乾（肝）などの名を作って使用するのは笑止の沙汰である。この窯はただ（菖）蒲を植える盆底〔底を連と読んで、盆と托座とする説と盆底で水盤とする説がある〕だけはとてもすばらしい。その他の坐墩、爐〔香炉〕、盒、方瓶、罐子のなどはみな黄砂泥を素地土とするため、器質は粗厚でよろしくない。雑物はあまり評価されないのである。近年この窯で新たに焼造する際に、すべて宜興の沙土で素地を作り、釉薬もやや似せて作りのよいものもあるが、使用に耐えないのでやはり採用できるものはない」。

明、田芸蘅『留青日札』（『留留青』刻印本巻6、談陶磁）

「鈞州のやきものはいくつかの色があって光彩が強く現れ、器形は極めて大きい。現在の河南、禹州と新しく改められたのがその場所である。そこでは兎絲紋、火焔青という種類がある」。

明、張応文『清秘蔵』巻上、論窯器（『骨董秘訣＝定新書』沈香閣正本所収）

「鈞州窯、臙脂のように赤いものを最上とし、葱翠色のように青く、墨色のように紫色のものは之に次ぐ。色が純粋で底に一二の数字記号のあるものはよいが、その混淆したものは取るに足らない」。

明、文震亨『長物志』巻7、器具

「鈞州窯は色が臙（臙）脂のようなものを上と為し、青は葱翠のようで、紫は墨色に近いものはそれに次ぎ、色が不純なものは好しとしない」。

清、顧祖禹『読史方輿紀要』巻47
「禹州、偽斉〔1130～37、南宋初金によって建てられた国。宋の降臣劉予が皇帝とされた〕の劉予はここに潁順軍を置き、金の大定22年（1182）に改めて州とし、24年に再び鈞州と改めたのはこの州に鈞台があったからである。明初には陽翟県を鈞州に編入し、万暦3年御諱を避けて禹州に改めた。鈞瓷は禹王を祭る中心の鈞台からその名を得たが、鈞台の名は古く夏に始まる。夏の啓は即位の后、衆の部落酋長を召集して鈞台で宴会を盛んに催し、自身の帝位継承が正式であることを示した。したがって鈞瓷の名は本当は金大定24年に地名を改めた後に始まったわけではない」。

清、佚名『南窯筆記』（美術叢書本）
「鈞窯は北宋時代に鈞州で造られた。盆、奩〔奩、奩〕、水底、花盆などが多い。発色は火紅、玫瑰紫、驢肝、馬肺、月白、紅霞等の色である。胎は粗く黄泥色を呈し、地釉は淡い牙色のようである。一二と数字で底足の間にあるものは組み合せの記号と思われる。釉薬は葱〔青〕蒨〔茜〕色で厚くかかり、その光彩は目を奪う」。

清、阮葵生『茶余客話』巻20（中華書局鉛印本）
「鈞州窯は臙脂のように赤いものを最上とし、色が純粋で底に一二の数字記号があるものはよい」。

清、張道超『欲寡過斎雑筆』巻1、56則、窯
「鈞窯、宋の鈞州で造られる。現在の河南禹州である」。

清、藍浦『景徳鎮陶録』巻2、国朝御窯廠恭紀　鎮器原起
「鈞器　宋末に仿うものはすなわち宋初の禹州窯である」。

同　巻6、鎮仿古窯考
「鈞窯　宋初に焼いたものでその名は鈞台に由来する。すなわち現在の河

南の禹州である」。

同　巻10、陶録余論
「窯変の器に二つの種類がある。一は天工によるもので、一は人巧が為すところである。天工によるところは火の変幻によって天然にできあがる。古伝に『屛風変じて床〔寝台〕や舟となり、〔缶〕の水凍りて花卉村景を為し、宋碗の暑を経るも腥物腐らざる』などと言われるのはまことに珍しいことではある。また鈞窯、哥窯のもとの色釉がいったん焼成を経ると、たちまち他の色に変色して成品になるというようなことはなかなかないことである。人巧によるというは工人が人為的に釉薬でもって何かの形に変幻させ、それを名づけて窯変というものであって、数多く目にするものであるから稀少ではない」。

清、道光『禹州志』
「州（禹州）の西南六十里、乱山の中に鎮があり'神垕'という。焉に土があって陶して磁を為ることができる」。

清、陳瀏『匋雅』上巻
「鈞窯には花盆が多い。秘色として青色、茜色がある。雍正代に倣製したが、なかなか同じようなものはできなかった。ましてその後は言うに及ばない」。
「鈞窯の筆洗、紫茜色が一面に広がる中に、曲鱔〔田うなぎ〕走泥紋が現れる。底に数字による番号がある。その上に芝麻醤釉をかける。底に横直の文字を彫っているものはすべて世間一般人の物ではない」。
「鈞窯の渣斗もまた青紫の二色に分けられる。大型で価格もまた廉くはない」。
「おしなべていわゆる鈞窯の筆洗なるものはすべて実際は盆奩である」。
「鈞窯の圧手大杯〔圧手杯は明、永楽の杯形として名高い。手に持つと開いた口縁が指を押し掌心を圧するという〕は腰部が細く、足部が大きく真っすぐに直立している。また蚯蚓走泥印がある。内側は青く外側は紫で、類まれな美しさである。真の宋代の物である」。
「鈞窯の盆奩は、おおむね円形または八角で端部に凹凸がある。数は少な

からずあるが、値段は非常に高い。鈞窯には筆洗もあり、長方や六角のものがあって口縁はやや広く器腹は直立する。その形は相人経〔人相占いの書〕にいう顴骨(かんこつ)の天倉に挿(さしはさ)むの相に似ている。極めて奇抜なものというが盆盎の中にこの種を見ることはできない。釉質は青くまた赤紫色で、臘が溶け流れて盛り上がる様に似ている。胎土には微細な孔があって水が浸み込み、底部に陰刻の数字の番号がある。芝麻醤を塗布している。真の宋代の物である。古物で美しいものは、釉質、手工、時代の三条件が最重要である。三者がことごとくきちんと整っていれば総じてなかなかの珍品としてよい。必ずしも剛快な大器であってはじめて驚き入り心を動かされるというものではない。鈞瓷の洗は高さ約二寸、幅は三寸ほどしかなく、長さは五寸に満たない小さなもので、旅行に携行するのに便利である。ひっそりとした孤独の楽しみとして時に貴重なものである」。

「雍正の仿鈞は紫色釉が一面に散り、真の鈞瓷の美麗には及ばないが、重厚な青い色彩で、また別種の力強さをもっている。模倣した姿形もすべて古雅を極めている」。

「雍正代の仿鈞の品は、紫の色がややさめて滲(にじ)んだようなひとかたまりとなっているが、犀の膚のような細かい斑文があって清らかで剛い瓷器である」。

同　下巻

「鈞窯方式坐墩、紫色もまた美しいが、胎土は粗い……」。

「鈞窯の洗は、外は紫で内は青く蚯蚓紋が現れる。底に芝麻醤を塗る。横に永安寺、直(たて)に悦生殿用と七字を彫ったものがある。恐らくは円明の役に世の中に流出したものであろうか。後代の作の及ばないところである」。

「雍正代の仿鈞の大瓶に、掌(てのひら)大の秘色釉が数ヶ所見られるものがある。特別に優れた珍品であるが、惜しいことに全体が砕けて〔修補されて〕いる」。

「宋鈞の紫は器全体に茫漠と広がっている。それに対して元瓷の紫は魚のような形に集まっている。宋鈞の紫は器全体に茫漠と広がっている。仿鈞（雍窯のこと）の紫は器の半分くらいにぼんやりと集まっている。宋鈞の紫はたいてい外側だけである。仿鈞の紫は内外に分かれて断片のようになっている」。

「泥鈞、宜鈞、唐鈞というのは正しくはすべて藍鈞というべきである」。

民国、許之衡『飲流齋説瓷』説窯第2

「鈞窯　宋初に禹州で造られたものである。禹州は昔は鈞台といった。〔鈞は〕誤って均の字が当てられ、そのままになって久しい」。

「鈞窯は……胎の質が細かく堅く締まっていて、だいたいが重い。釉は五色を備えている。厚く濃くしっとりとかけられていて兎絲文がある。臙脂のように赤く、朱砂のようなものを最良とする。葱翠のように青く、墨のように紫色を呈するものは之に次ぐ。初めのころの製品は色が純粋で少しも色の混淆がない。後代のものは青や紫が混じり合い、釉が流れているものがある。これらはすべて焼成不足によるものである。しかも世間の人たちはしばしばこの類を尊重する。この現象は良い硯は本来、鴝鵒眼〔叭々鳥の眼に似た円暈に瞳のある眼、石眼中最高のものとされる〕があってはならないのに、世間ではかえって鴝鵒眼があるものを貴重視するのと同じである。その釉は2種に分けられる。一を細平釉といい、他を橘皮釉という。橘皮釉もまた後代に出来たものである。そのために橘皮釉には紫斑をもつものが多いのである。平釉のものには紫斑があることはほとんどない。鈞窯の底に、一二三四などの数字があって識としている。一説によると赤色の器は一三五七などの奇数で識とし、〔青色の器は二四六八などの偶数で識としたという〕この説は全部に該当するものでなく、ただ六角形の花盆の場合だけは必ずそうなっている。その他の器では必ずしもそうではない」。

「鈞釉は厚くて同時に潤いがあり、あたかも蠟が溶け流れて固まったような感じがある。〔ただし、単色のものは透明感があり、また均質である。釉中にはしばしば蟹爪文が出る。無釉の個所は羊肝色または芝麻醤色を呈する〕そういうものが真物である。偽物は釉が薄くて均質でない。その色は藍色というより灰色に偏より、純正の天藍色とははるかに異なっている。釉をかけないで露胎とする個所も羊肝色を呈することがない。たとえその色が出ていたとしても、それは前もって塗ったり、後で焼きつけたもので本来のものではない。宋代とされる鈞窯の中にはしばしば元瓷がまぎれているが、実際は大きく異なるところがある。鈞窯の釉は厚くて均一である。元瓷の釉も厚いが流れている。鈞瓷の胎、釉はいずれも細かく、元瓷の胎、釉はことごとく粗い。鈞窯の釉は深浅、濃淡ということはなく、すべて渾然として一律である。元瓷の釉は濃いところでは線条のような流れを見せることもあれば薄いところでは波状になって均質でないこともある。鈞窯のう

ち天青色のものは商人は月白と呼んでいる。思うに紫窯の雨過天青を模したものである。紫釉であって蚯蚓走泥紋のないものは、ほぼ月白に近くて光沢のあるものがよいが、一般の人はしばしば紫色のものを重んじて月白を一段下にみる。これなどは誤った習慣というべきではなかろうか」。

「元代に鈞瓷風のものを焼いた窯も多くある。しかし、個々に著名な窯はなく、総称して元瓷というばかりである。近ごろ流行の元瓷はすべて元の時代に、山西、河南一帯で製作されたものである。南省〔主に江西省を指す〕で製作されたものなどは、もし発見されてもだいたい宋末のものと考えられるのが普通である。元瓷というのは、たいていの場合仿鈞または紫色のものを指している。その製品の多くは天藍色であって同時に紫斑を帯びている。その中でも紫斑が魚、蝶、蝠（こうもり）などの形を成しているものが高く評価される。紫斑のないものは並の品である。河南で製作されたものは元代の初めのものである。胎土・釉薬・色沢ともに宋鈞との差異はあまりない。潞安〔現山西省長治市〕で製作されたものは元代の中ごろのものである。その胎質は瓷質と瓦質の中間的な物である。釉は元初のものに比べて透明感が強い。蒲州〔現山西省運城市〕で製作されたものも元中期のものである。釉も同様に透明感があるが、紅斑の中に葡萄紫色を帯びている点が違っている。元瓷のうちで天藍色のものは鈞窯とだいたい同じであるが、違う点もある。元瓷の釉は厚くて流下しており、鈞釉は厚いけれども均質である。元瓷の紫斑は集まって何かの形状のようになっているのに対し、宋鈞の釉は全体に広がっている。元瓷の釉は濃いところで線条のような流れを見せることもあれば薄いところでは波状になって均質ではない。一方、宋鈞は釉に濃淡、深浅があってもすべて渾然として一律である。ここのところが両者の異なる所以である。元瓷の真物は、瓷胎、瓦胎にかかわらず、その胎はすべて重くて極めて堅い。そのうち瓦胎のものは色が瓦に似ているけれども、なかば瓷質を帯びている。瓷胎のものは瓷器に近いけれども、だいたいが瓦質を帯びている。偽物の胎は純然たる瓷質かもしくは純然たる瓦質で、真物とは遠く隔っている」。

同　説胎釉第3

「……又、古瓷の中には、釉が底にまでかからず、ものによって大小はあるが胎土を見せるものがある。甚だしいものでは上半のみ施釉され下半は

無釉のままである。こういった無釉部の多いものを露胎という。露体部が少ない場合は縮釉という。しかしこれが宋、元を見分ける根拠になるかというと必ずしもそうではない。思うに宋の汝窯、鈞窯の諸器には本来、露胎、縮釉のものが多いが、宋の官窯の最上級のものでも露胎や縮釉でないものがある。ただ官窯の場合は胎土の露出は極めて小さい。元代になると露胎の極めて大きいものがある。康雍〔清の康熙、雍正〕の間に、宋代のものを模倣した作品でも縮釉の部分は非常に小さい。咸同〔清の咸豊、同治〕の間に、宋代のものを模倣した諸器になると、自分が偽物とするものは、必ず厚釉、流釉のありさまを宋の釉に似せて作っている。しっかりした鑑定眼のある人にしか判断のできないことである」。

「鈞窯の釉はなでるととても平らかで、しかも釉内に粗紋が現れている。したたるように流下しているものを涙痕という。屈曲蟠折する場合は蚯蚓走泥印という。これが鈞窯の特徴である。広窯〔石湾窯〕の釉はなでるととても平らかで、しかも釉中に藍斑が現れている。藍斑の大きいものは霞片といい、小さいものを星点という。これが広窯の特色である。鈞窯は紫色に勝れ、広窯は藍色に勝れている」。

同　説雑具第9

「花盆は鈞窯のものが最も良いとされる。その托座は盆奩という。円形のものもあれば海棠の花形のものもあり、六角形のものもある。近年では足の折れたものや縁のすれたものまでも珍品として拱壁〔大きな玉〕を越えた評価を与えたりする。鈞窯を有難がるのは極まったというべきである。鈞窯の花盆と盆奩とにはその底に必ず数字がある。紅紫色のものは奇数で、青藍色のものは偶数である。思うに花盆と托座ごとに数字のあるものを選ぶと、組み合せをするのに簡単で間違いがないからである」。

民国『禹県志』

「古の鈞窯は多く方山、涌水、藍水に沿ってあるが、治〔州の行政庁所在地〕の北、岯（扰）村にもまた遺址がある。したがってその生産地は一ヶ所だけではない」。

民国、黄濬『花随人聖盦摭憶』

「鈞窯　書物によっては均窯と書く。近ごろ欧米人は最もこれを尚ぶ。最近二日にわたって欧米で印刷された中国瓷器の美本を見た。五彩は燦然とし、註釈はうるさいほどに詳しく、彼らが中国陶瓷に深く努力を傾注していることを知った。鈞窯瓷が河南の禹州に産することを研究している。項子京の手になる瓷器図譜があるが、原刻を調べることは困難。現在見るものはたいてい瓷製の鼎か灯火器の類である。瓷質は厚くなく、器表は玫瑰紫または茄皮紫色となり、雨過天青色の例はない。以前に武英殿にガラス・ケースがあって、5点の盤、碗が列べられていたのを見たことがある。器皿は全面紫色で同類のものである。碗底の露胎のところは芝麻醤釉を塗らず、黄褐色の胎を見せていた。それは本来無釉であるべき胎土上に二三滴の釉が垂れ落ちたので、後代に底部を磨り削った跡である。近代になって貴宝とする花盆（盌）連、渣斗、鼓釘洗などのうち青紫色が混じり合い、芝麻醤底でそのうえ番号が書されているものはみな粗末な品で、したがって瓷質も特に分厚い。光緒帝代の初め、楽亭劉氏は豪奢を極め、飼っていた犬猫の飯盆にすべて鈞窯を用いたのは、その姿質が厚くて破損しにくいからである。海王村〔現在の琉璃廠〕の商人のなかに安値で鈞窯瓷を得たものがある。その時の王宮の内府では鈞窯花盆に至って安価な六月菊を植えるに過ぎなかったので、全く宝貴のものという意識はなかった。ところが、それから二十年もしないうちに欧米人が最もこの瓷器を重んじることから万金以上に高騰したのである。識者の言うところでは、これから二十年すると鈞窯も恐らく中国からなくなってしまうだろう、と」。

民国、郭葆昌『瓷器概説』瓷器胎骨（『参加倫敦中国芸術国際展覧会出品図説』第2冊「瓷器」所収）

「鈞窯の胎質には、白色、灰色、赤色、黄色などがあるが、白色のものを最上とする」。

同　瓷器沙色

「鈞窯にはいろいろな色があるが、初めは天青色が中心で、天青色が重なると藍色になることから、後の人はそれを天藍と名づけたのである。また青料の中に銅質が含有されていて、これを焼き上げると緑あるいは紅紫に変わるのでそこから窯変の名が生まれた。後にその銅質を利用して紅紫器

を製作し発展した」。

同　瓷器紋片
「以前に鈞窯器について細しく調べてみたが、その色釉の調合は材料をよく磨り搔き混ぜないため、顔料と釉液が十分には溶け合わず、焼いた後も分離した状態がうかがわれる。その大きなものは蚯蚓走泥の趣を呈する。これは鈞器の独特の現象である。（略）莵絲子紋もまた鈞器にしか見られない。これは紅紫器を製作する際に青釉上に銅を含む釉液を塗り重ねるため焼成後にしばしば莵絲子状の細かい点斑が現れるものである。もし銅を含む釉液が地釉中に溶け込んでしまうと斑文が現れない。これが鈞器製法の他の窯器と異なる点である」。

同　歴代名窯
「北宋代は名窯が最も多く輩出した。定、鈞（鈞窯は宋初に創建された。現在の河南禹県に窯址がある。その地は往古の鈞台があるところで、それによって鈞窯と名づけられた。今もなお鈞台はある）、東、汝、官、龍泉、哥、弟の諸窯がある」。

陳万里「禹州之行」（『文物参考資料』1951年2期）
「鈞瓷は汝瓷が極盛の時代に頭角をあらわし、南宋時期に最も盛行した。元代以降徐々に衰落し、明代宣徳の頃にはすでに再び焼造することはできなくなっていた」。

◇

　以上それぞれの文献には鈞窯瓷器の歴史、また胎、釉、造形などの特徴や倣鈞についてなどさまざまな角度から論述が尽くされている。それぞれの文献が撰述された時代の制約からいくつかの片寄った見解は見られるものの、現在でも鈞窯を研究する際には基礎的な史料として欠くことのできないものとなっている。

〔訳文の作成に際しては次の訳注本を参照した。塩田力蔵『匋雅新註　支那陶器精鑑』雄山閣、昭14、同『説瓷新註　支那陶磁』第一書房、昭16、愛宕松男『景徳鎮陶録』1、2（東洋文庫）、平凡社、昭62〕

〔著者紹介〕

趙 青雲

　1932年生。河南湯陰人。北京大学考古系卒。河南省文物考古研究所副所長、河南文物鑑定委員、中国古陶瓷学会副秘書長、河南省古陶瓷研究会会長、深圳大学藝術学院名誉教授を歴任。
主要論著：「河南陶瓷史」「汝窯的新発現」「鈞台窯」「鈞窯」「河南鈞窯・汝瓷與三彩」「中国鈞瓷」「宋代汝窯」

趙 文斌

　1970年生。河南大学中文系卒。多年にわたって鄭州市文物考古研究所による考古発掘に参加。「収蔵」「文物天地」「中国文物報」「典蔵」等の雑誌に執筆多篇。現深圳璽宝楼青瓷博物館々長助理。

〔訳者紹介〕

富田哲雄

　1951年生。東京教育大学教育学部芸術学科卒。
専攻：中国陶磁史
主要論著：『陶俑』（「中国の陶磁」2　平凡社）、「宋・元の日月壺について」（「東洋陶磁」20・21号）

〔資料提供〕　北京故宮博物院
　　　　　　台北故宮博物院
　　　　　　中国歴史博物館
　　　　　　上海博物館
　　　　　　河南博物院
　　　　　　河南省文物考古研究所
　　　　　　内蒙古自治区博物館
　　　　　　北京市文物管理所
　　　　　　山西省博物館
　　　　　　山西省大同市博物館
　　　　　　山西省考古研究所侯馬工作站
　　　　　　江西省博物館
　　　　　　汝州市汝瓷博物館
　　　　　　洛陽市文物工作隊
　　　　　　デイヴィッド財団

〔翻訳監修〕　吉良文男
〔ブック・デザイン〕柴永事務所（前田眞吉）

鈞窯瓷——中国名窯名瓷シリーズ　3

2004年3月5日　初版印刷
2004年3月22日　初版発行

著　者　趙 青雲　趙 文斌
訳　者　富田哲雄
発行者　渡邊隆男
発行所　株式会社　二玄社
　　　　東京都千代田区神田神保町2-2
　　　　〒101-8419
営業部　東京都文京区本駒込6-2-1
　　　　〒113-0021
電話：03(5395)0511　FAX：03(5395)0515
URL http://www.nigensya.co.jp
DTP：ダイワコムズ
製版・印刷・製本：深圳雅昌彩印

ISBN4-544-02303-3　C0371